世界最古の人工林、吉野杉の魅力

脈々と守られてきた吉野の森は
かけがえのない「恵み」

Prologue

一度触れたら心が動く、
五感が震える銘木がある

写真／西川公朗

500年も前から日本の宝だった 吉野杉という素材

その魅力を次世代に、
世界に伝えていきたい

MAKE TODAY WORTH

だから、「本物の木の家」に
こだわり続ける——

500年以上の歴史を持つ世界最古の人工林の軌跡と奇跡

『関西でしか建てられない
吉野杉の家』

井村義嗣　株式会社イムラ　代表取締役社長

プレジデント社

はじめに

「まだ、こんな木があったんか……」

いまから20年ほど前。
急勾配の険しい山道をひたすら進んだ先に現れたのは、戦時中の伐採を免れ、200年以上生き抜いてきた、たくましくも美しい無数の吉野杉の大木でした。

1927年に祖父が材木商として弊社を立ち上げてから、1世紀が経とうとしています。その間にはオイルショックや大手ハウスメーカーの台頭、格安な輸入建材を用いた価格競争など、いくつもの壁が立ちはだかりました。
そんな、もがくように試行錯誤を続ける中でたどり着いた信念があります。

「住宅産業は、地場産業である」

地元の木を使い、地元の職人たちが建て、地元の人々が住まう。
そして、木を使うことで地元の森が循環していく。

そんな家づくりが、あの吉野杉をふんだんに使うことで実現できるのではないか。
そこから、地元のたくさんの人たちを巻き込んで「吉野杉の家」の販売は始まりました。

これは、私たち工務店と林業に携わる人々、そして地元の行政も一体となった再生の物語です。

「奈良には、おもしろいやつがおるもんやな」

そんなふうに感じていただけたら幸いです。

そして、この一冊が日本中の森と住宅産業をもう一度元気にするためのきっかけになれば、こんなにうれしいことはありません。

井村義嗣

目次

第2章　知恵と技術を結集させた家づくり

第3章　気持ちのいい住まいは、「木」からはじまる

第4章　すべては、吉野の森を守るために

第5章　もっと知りたい！　吉野杉の家Q&A

SPECIAL INTERVIEW

専門家が徹底解説！

なぜ、「吉野杉でつくる家」は心地いいのか？

Column
実際に建ててわかった、住んで感じたお客様の声

吉野林業の主要エリア

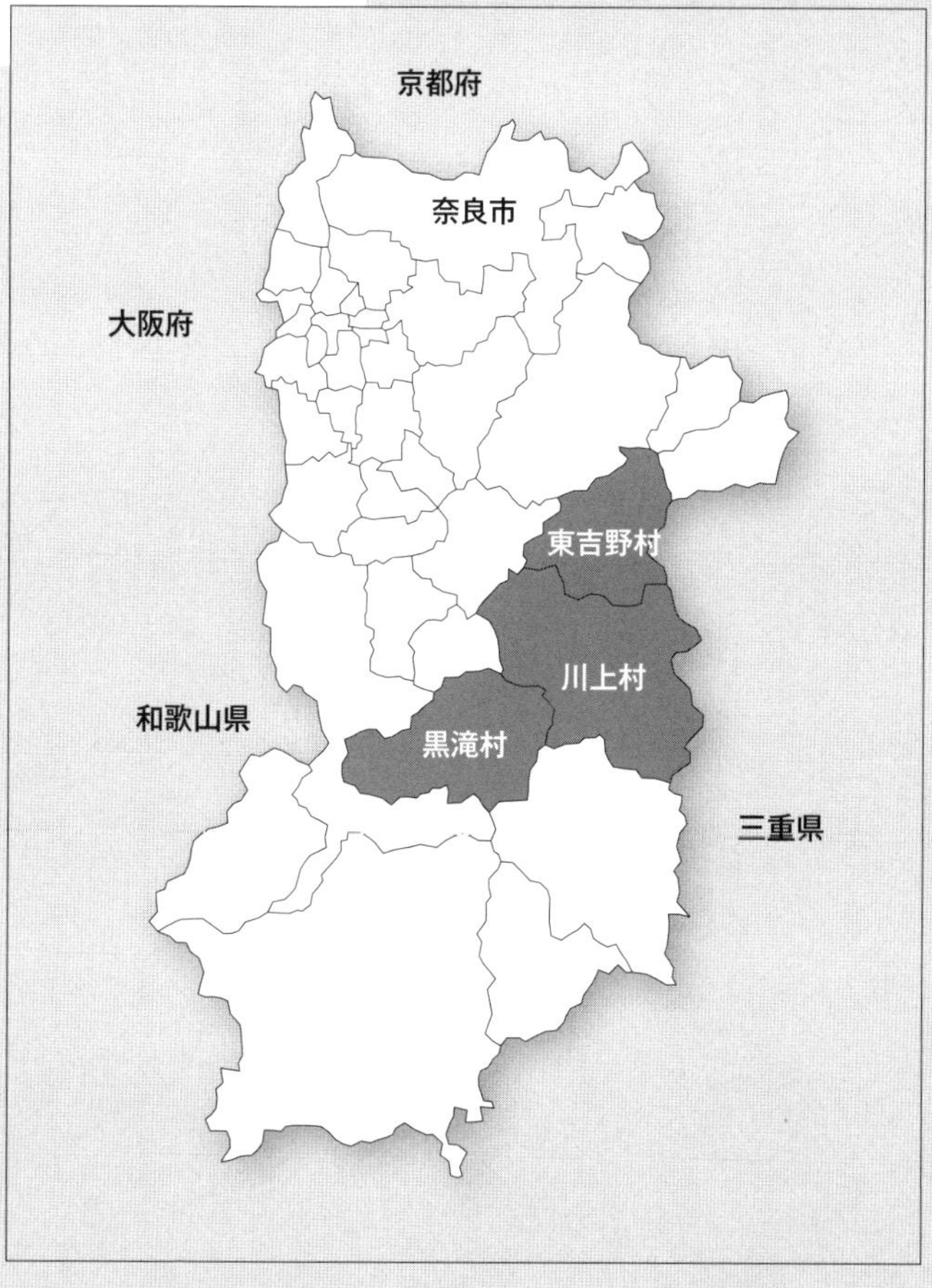
京都府
奈良市
大阪府
東吉野村
川上村
和歌山県
黒滝村
三重県

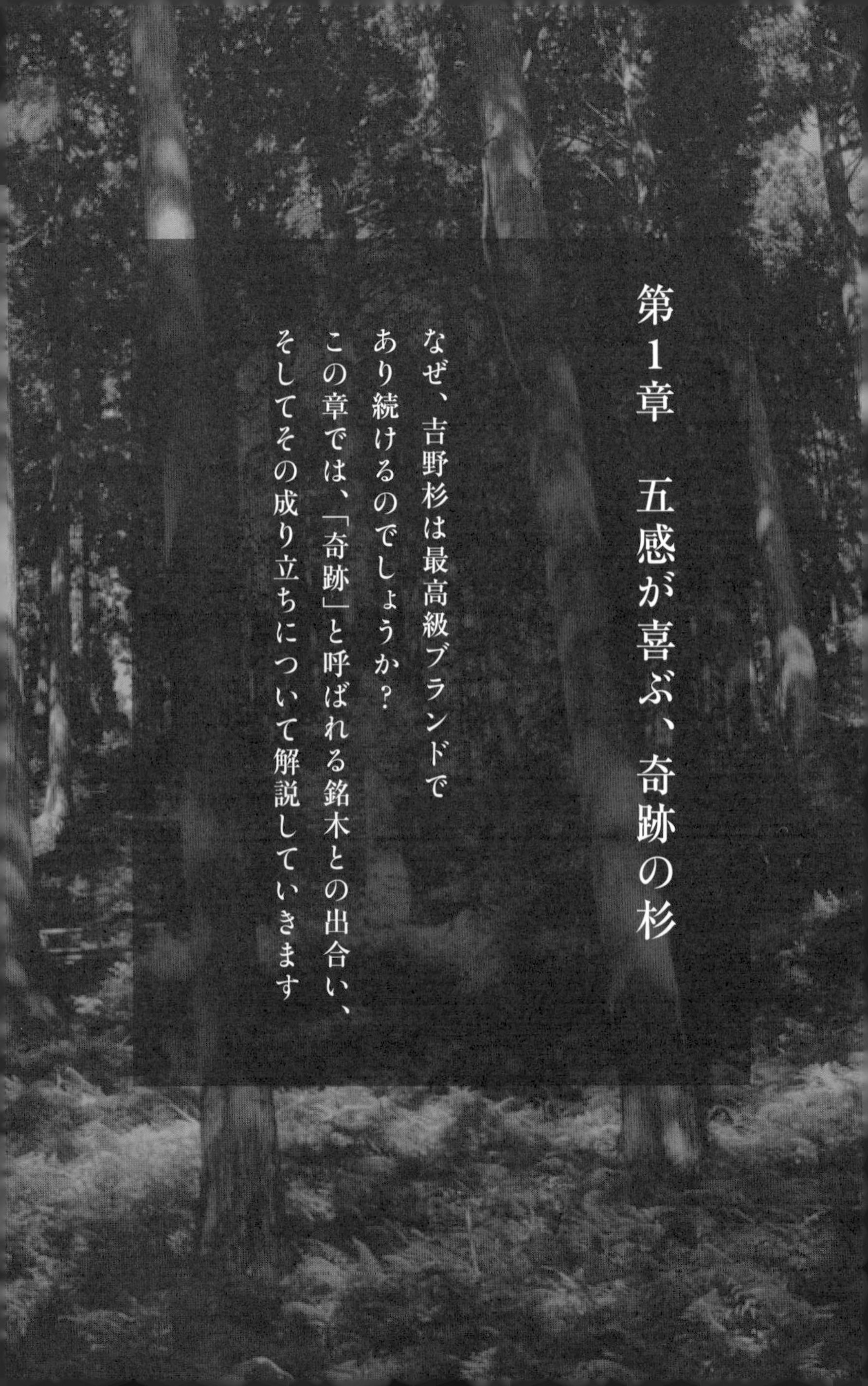

第1章　五感が喜ぶ、奇跡の杉

なぜ、吉野杉は最高級ブランドで
あり続けるのでしょうか？
この章では、「奇跡」と呼ばれる銘木との出合い、
そしてその成り立ちについて解説していきます

戦禍を免れた大径木との出合い

一度触れたら、心が動く――。

私が「吉野杉」に惚れ込む理由は、そこにあります。

もちろん、強度や色ツヤなど、建築材としての魅力も外すことはできません。しかし、それよりも強調したいのは、音、呼吸、匂い、手触り、そして、美しさの部分です。

〝心と五感を満たす〟木は、日本広しといえども、この吉野杉をおいて他にはないと、家づくりに携わる者だからこそ断言することができます。

500年以上にわたり守り続けられてきた吉野の森からの〝恵み〟を使って、「自然素材にこだわった家づくり」ができることは、何物にも代えがたい喜びです。

しかし、私が現在の家づくりのスタイルにたどり着くまでには、幾重もの〝出合い〟がありました。この章では、その奇跡の物語をお伝えしたいと思います。

「歴史の証人」――。そう呼ばれる森が、奈良県の川上村にあります。樹齢は400年。その高さは50メートル、幹回りは約5メートルもあり、成人男性6、7人が手をつないでどうにか一周囲めるほどの大径木です。

さらに驚くのは、この木が自然に育ったものではなく、かつて人の手によって植えられ、何代にもわたって育てられてきたものであるという点ではないでしょうか。

川上村は、日本最古の人工林といわれる吉野林業発祥の地。自然の中で形成される天然林とは異なり、人工林は間伐や枝打ちなど、人の手を入れることで維持していかなければなりません。

川上村の人々が長い間、手間暇をかけて育んできた人工林の大木は、圧倒的な荘厳さを持ちながら、ときを超えて私たちの目の前に存在しているのです。

過去の戦争において、軍事用の資材として日本中の山々の大木が次々と切り倒されてしまいました。しかしそんな中、車で入っていけないほどの険しい急斜面に立つ吉野杉だけは、運び出す林道をつくることができず、出荷することができませんでした。

こうして幸運にも伐採を免れ、樹齢100~200年の大木は手付かずのまま生き残ることができたのです。

「これはまさに、奇跡の杉だ」

私は、そう思いました。いまなお変わることなく、凛とそびえる川上村の杉は、吉野林業の遥かな歴史を私たちに伝えてくれる〝証人〟そのものなのです。

樹齢400年の人工林の大木は、
まさに「奇跡」と呼ぶにふさわしい
写真／西川公朗

500年の歴史を持つ「日本の宝」

樹齢400年の木が存在しているのであれば、吉野杉の植林はいったいどれほど昔に始まったのだろうと思われることでしょう。

その歴史は、なんと500年ほど前に遡ります。明治期にまとめられた『吉野林業全書』によると、川上村で造林業が始まったのは室町時代で、その後、江戸時代になるにつれ、吉野郡の村々に植林が広まっていったという記録が残されています。

豊臣秀吉がこの地を治めていた頃には、大坂城や伏見城をはじめとする畿内の城郭や神社仏閣に吉野の材が多く用いられました。当時は天然の巨木が使われたということですが、これをきっかけに吉野の材のよさが広く知られるところとなり、のちに江戸幕府の政策のもと、本格的に植林が始まります。

こうして、川上村・東吉野村・黒滝村の3村を中心とした吉野林業が地元の主要産業として発展していくのでした。

等間隔に整然と立ち並ぶ吉野の人工美林は、
500年もの間、受け継がれてきた日本の宝である

1万本の中から選ばれ抜いた木

吉野杉は静岡県の天竜杉、三重県の尾鷲桧《おわせひのき》とともに日本三大人工美林と称され、美しい木目や形が高く評価されてきました。

吉野の地域には、雨や霧が多く、一方で積雪や風害は少ないという、杉の生育にとても適した土壌があります。この恵まれた環境の中で、幾多の銘木が生まれてきました。

こうした木を育てるには、気候風土に加えて伝統的な林業技術が不可欠です。吉野杉は、育て方にもまた、先人たちの知恵が凝縮されています。まず、もっとも大きな特徴が「密植」と呼ばれる植え方です。植林は、1坪（畳2枚分）あたり1本植えるのが一般的ですが、吉野杉はその3倍にあたる3本を植えるのです。1ヘクタールに換算すると、およそ8000～1万2000本の数になります。

3～4年ぐらいの苗木で植えた杉は、7年目を迎える頃に最初の間引き

間伐を行ったあとの比較的若い杉。
100年前後の時間をかけ
手入れを繰り返していく

にあたる「除伐」を行います。さらに20年目あたりから「間伐」を、そして最終的に残す木以外を伐採する「皆伐」へと進めていきます。

これらの作業は、それぞれの木の生育度合いや形を見ながら行われ、最初に約1万本あった木は、100年後には300~500本に絞られていくことになります。

つまり、家の建築材として使われる吉野杉は、100年以上にもわたる1万本の生存競争を勝ち抜き、選ばれ抜いた木でもあるのです。

なぜ、節が少なく年輪の詰まった良材が育つのか?

「最終的にわずか数百本まで減らしてしまうのに、なぜ、そんなにたくさんの木を植える必要があるのでしょうか?」

「はじめから、少なく植えればいいのでは?」

そう思われる方もいらっしゃるかもしれません。しかし実は、この密植が強く美しい吉野杉を育てる上で非常に重要な工程なのです。

杉は密に植えることで、日が当たりにくくなります。すると杉は、幹の栄養分を維持するために、枝を自ら落としていくのです。吉野杉が「節が少なく木目が美しい」とされる理由はここにあります。

杉を密植するのは、さらにもうひとつ理由があります。

1本あたりの生育スペースを狭めることで、杉は横ではなくより上へ上へと伸びていきます。

そして本数を見極めながら適切な間伐を行うことで、長い年月をかけてじっくりと、根本から先端まで同じ太さで真っ直ぐに伸びる木にしていくのです。

すると、年輪も他地域の杉よりぎゅっと詰まり、その幅は1・3〜3・5ミリと狭く、均一になります。

「密植」を行い、徹底した管理と
間伐を繰り返すことで、真円かつ年輪の詰まった
強靭な吉野杉が生まれる

年輪が細かいほど、木は強度を増すことになります。逆にゆったりとしたスペースに植え、短期間で一気に木を太らせると、年輪幅が広く、締まりのない木ができ上がってしまうのです。

良質な吉野杉は、それに適した気候風土に加え、地元の山守《やまもり》たち（次項参照）の経験に裏打ちされた知恵と技術なしには成し得ぬものです。自然と人とが一体となり、長い年月をかけて育まれる美しい奈良の宝、いや日本の宝、それこそが吉野杉なのです。

吉野林業を支える「山守」たち

後継者不足や国産材の需要減少などによって、日本中の多くの人工林が放置され、荒廃は進むばかり。そんな中で、吉野杉の森がいまも生き残れている背景には、吉野林業ならではの「山守制度」の存在があります。

山守制度のルーツは、いまから約３００年前の江戸時代中期、借地林業制度に遡ります。借地林業制度とは、村の山林所有者が村外の資本家に山林を貸すのと引き換えに植林資金を出してもらい、木を伐って収入を得たときに借地料として資本家に何パーセントかを支払うものです。

のちにその多くの資本家たちが山林の所有権を購入して山主となるのですが、山を直接管理できない自分の代わりに地元の信用できる村人を「山守」としてその役割を託したのでした。

川上村でこの制度が長く機能した理由としては2つ考えられます。ひとつは川上村の山林を保有する資本家の方々がよりよい木を育てるために積極的に出資し、山守たちが安心して林業に専念できたこと。

もうひとつは、山川が多く田畑が少ない土地ゆえに、山々だけが生活の糧を生み出す手段であったという点です。

川と急斜面の山々が大半を占める川上村では、よりよい木材を育てることで、その価値を高める必要があったのです。

手間暇を惜しまず、500年以上にわたり、代々受け継がれてきた吉野杉。その裏には、山主と山守との厚い信頼関係が存在しているのです。

山守制度は吉野林業の特徴の1つ。
山主と山守との長年にわたる信頼関係が
森を育て、木々を育んでいく

100年単位で森を育み、つないでいく

現在、吉野地域の山林を管理する山守はおよそ100名。中でも歴史ある山守の家に生まれた土井庄左ヱ門さんは、自身で15代目というから驚きです。江戸時代から現在に至るまで、そのバトンを絶やすことなく次世代へ渡し続けた努力が、いま目の前にある立派な大木という形で結実しているといえるでしょう。まさに気の遠くなるような作業です。

一般的な企業は、その業績を1年単位で評価されるのが常です。しかし山守の世界は違います。100年、200年というとてつもない大きな時間軸の中で先祖から受け継いだ山を育て、生業として成り立たせていかなければなりません。

吉野林業は、よりよい木を育てるという
山守の圧倒的な覚悟で成り立っている

「いまさらこの仕事から手を引くわけにはいかない。失敗したらあとはない、という気持ちでやっている」

と土井さんはいいます。

自分たちが木を育て、木材として出荷することができなくなれば、地元で林業に携わるすべての人の生活を揺るがすことにもなりかねない。そんな強い覚悟と責任を持って、土井さんたちはまさに字のごとく「山を守って」きたのです。

〝殿様商売〟からの脱却

バブルで日本中が好景気に沸いていた頃、吉野杉は広く知られる銘木の高級ブランドとして、全国から注文が相次ぎました。日本建築の粋を結集した京都迎賓館をはじめ、各地の数奇屋や茶室などがこぞって使ったものです。

樹齢200年の原木には2000万円もの高値がついたこともありました。「吉野杉は、ほうっておいても売れる」――。そんな時代でした。

しかし、世の中そううまくはいきません。やがて平成バブルがはじけると、吉野杉の原木が初めて採算割れを起こしたのです。川上村から原木市場に出荷した杉は、木目の美しさから化粧板として用いられたり、天井板に使われたりすることでなんとか需要を維持してきたものの、迫りくる時代の変化にいよいよ抗えなくなってきました。

和室のない家が増え、不景気の影響から国産材よりも低コストの輸入材のシェアが拡大。「吉野」の看板さえあれば、黙っていても材は売れる。そんな、いわゆる〝殿様商売〟を続けていたのでは、森の維持すら危うくなってしまいます。

「このまま手をこまねいていたのではどうにもならない……。なんとかしなければ」

川上村の山守たちはかつてない窮地に立たされました。

木材の安定供給が実現できた理由

「吉野杉を住宅に使ってほしい」

彼らから私にそんな話が来たのは20年ほど前でした。

吉野杉が売れない状況に大きな危機感を持った川上村の山守の有志たちが「川上さぷり（川上産吉野材販売促進協同組合）」を立ち上げ、声をかけてくれたのです。

彼らがまず目指したのは、方向性を同じくする工務店と手を組み、建築部材として活用することでなんとか吉野杉の需要を掘り起こすこと。

山守が自ら落ち込んだ木材需要を増やすために、従来の吉野杉の物流過程を見直し、直接イムラと取引する行動に出たのです。我々は、直接取引をすることで価格も抑えられ、より多くの方々に吉野杉の家を提供できると考えました。そこから、川上さぷりとタッグを組み「吉野杉の家」の販売をスタートさせたのです。

最初の5年間は年間30棟ペースで推移していましたが、そののちに大阪の豊中市に展示場をオープンさせると、年間50棟にアップしたのです。売れるのはありがたいことですが、受注が増える中で木材の安定供給が変わらずできるのかどうか。次はそんな問題に直面しました。

山守の集まりである川上さぷりだけの力でこの先の需要に対応できるのか、量も品質も落とさず納品できるのか。ジリジリとした思いで、彼らに何度も「本当に大丈夫か」と問いました。

そんな状況を見て、立ち上がってくれたのが川上村の栗山忠昭村長です。彼は以前から、村の林業が活気を失っている現状を憂う熱い男でした。そして、木材の安定供給のため、村の林業関係の人たちを1～2年かけて一人ひとり口説き、川上村と村内の川上さぷりを含む林業関係4団体が一体となった一般社団法人「吉野かわかみ社中」を立ち上げてくれたのです。川上さぷりと家づくりをはじめて15年後、２０１５年のことでした。

こうして、川上村が村をあげて、吉野林業再生のため、我々に吉野杉を安定供給する官民一体の取り組みが始まったのです。ちょうど、吉野杉の家も好調な売れ行きで、延べ８００棟を超えた時期でした。

豊中市の展示場。
ここのオープンをきっかけに
吉野杉の家を手がけるペースも
上がっていったという

「買ってやる」ではなく「分けていただいている」

吉野杉を常に同じ価格で安定供給してもらえるシステムができ上がったのですから、こちらもそれに応えなければなりません。

「がんばって営業するから」

と最低限の年間販売棟数を決め、一定量の材を必ず仕入れるための努力を続けました。

地元の行政も参画する吉野かわかみ社中が設立されたことのメリットは、ほかにもたくさんありました。

必要な材の供給のために「これだけの木を切りたい」と山主に交渉したり、イムラが行う「伐採ツアー（詳しくは第3章）」の参加者が安全に見学できるように場所を整備してくれたりと、こんなに頼もしい存在はありませんでした。

こうした吉野かわかみ社中との取り組みは、一民間企業が住宅ビジネスの中で林業再生や森林環境保全にも貢献する全国的にも珍しい事業システムであると評価され、２０１５年度にはグッドデザイン賞をいただくこともできました。

川上村の林業に携わる方々の尽力なしには、これほど豊富で良質な吉野杉の建築材をリーズナブルな価格で使うことはできません。

ですから私は、これらの材木を「買ってやる」「使ってやる」といった考え方は決してしておりません。あくまでも「分けていただいている」という気持ちで取り引きさせてもらっています。

一方で材を供給する側の彼らも「使ってもらっている」という心で私たちに大切な吉野杉を託してくれています。

住宅づくりを通して吉野杉の需要を創造し、林業と生活者の橋渡しができるのは私たち工務店です。今後も官民一体となってさらに歩みを進め、伝統ある吉野林業を再生させ、吉野の山を守っていきたいと考えます。

● 林業再生に向けた官民一体のしくみ

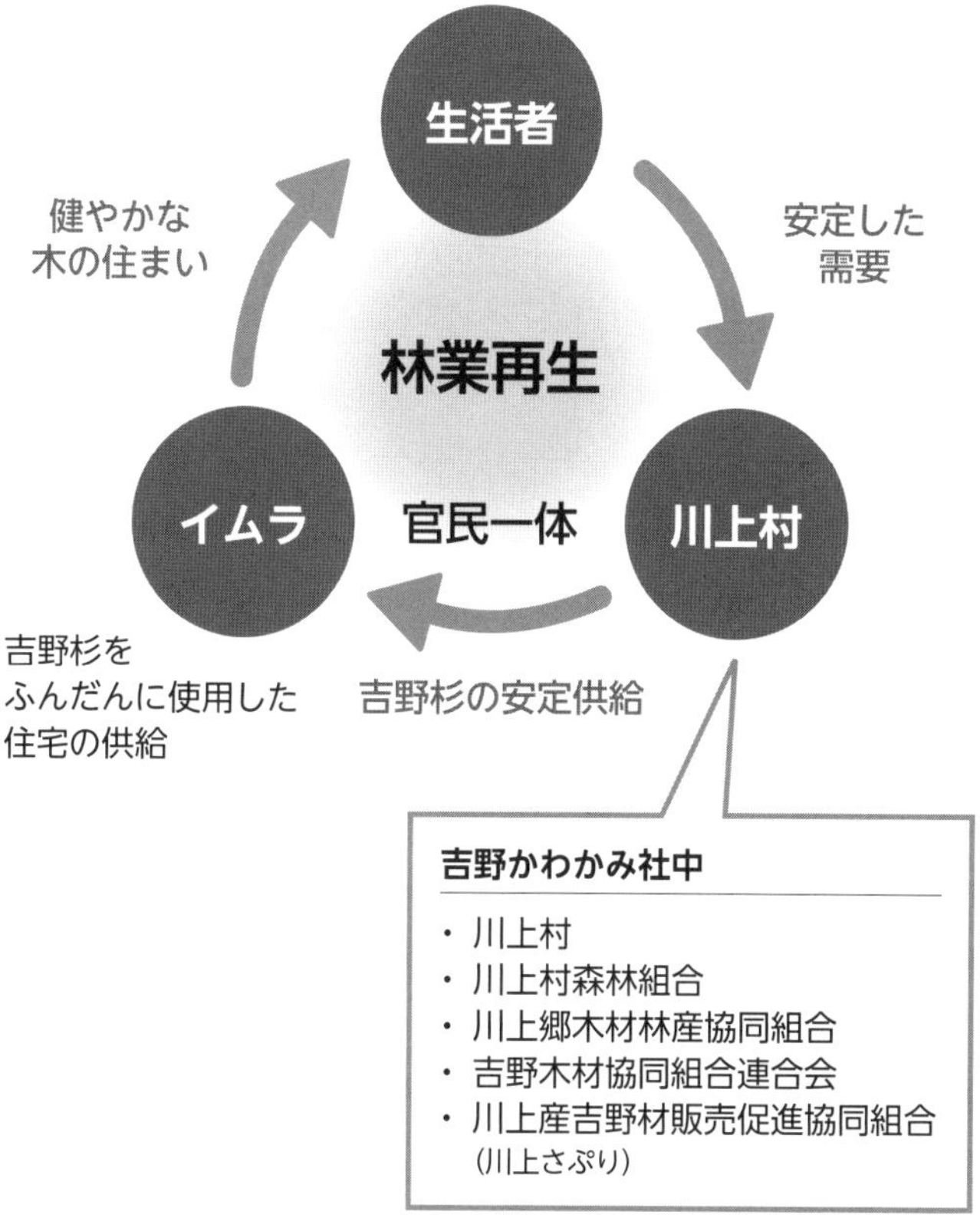

実際に建ててわかった、住んで感じたお客様の声

（「吉野杉の家」を建てた理由）

家づくりをイムラにおまかせいただいたお客様の声をご紹介。吉野杉の魅力を多くの方に感じていただけているようです

「ズバリ**『本物の家』づくり**ができると考えたから。当初は他のハウスメーカーの豪華さに気持ちを動かされました。しかし、検討する中で、材質のよさ、工法のすばらしさなどを実感し、**「オンリーワン」の家づくりができる**と確信しました」

（大阪府／T様）

「地元である大阪からも近い川上村の木材を使っていて、ここ（イムラ）で家を建てれば**日本の林業に貢献できる**と感じた点です。また、**吉野杉の無垢材の床が美しい木目だった**こともあります」

（大阪府／K様）

「**吉野杉の無垢材や節の少ない床材、珪藻土の塗り壁に魅力を感じて**、決定しました。設計においても自分たちの意見をしっかりと聞いてもらえ、他の工務店にはない実績の多さと**充実のアフターフォロー**で安心して建てられると感じました」　（奈良県／M様）

「**耐震性が確か**だということ。また、木の温もり、香りがあり、**丁寧にしっかりとつくられている**と感じたためです」

（奈良県／M様）

「他の木造住宅のハウスメーカーや工務店も見学しましたが、木材を強調しすぎていたり価格帯が合わなかったり……。その点、イムラは**木材を主体としながらもつくりがモダン**で好みに合いました」　（大阪府／T様）

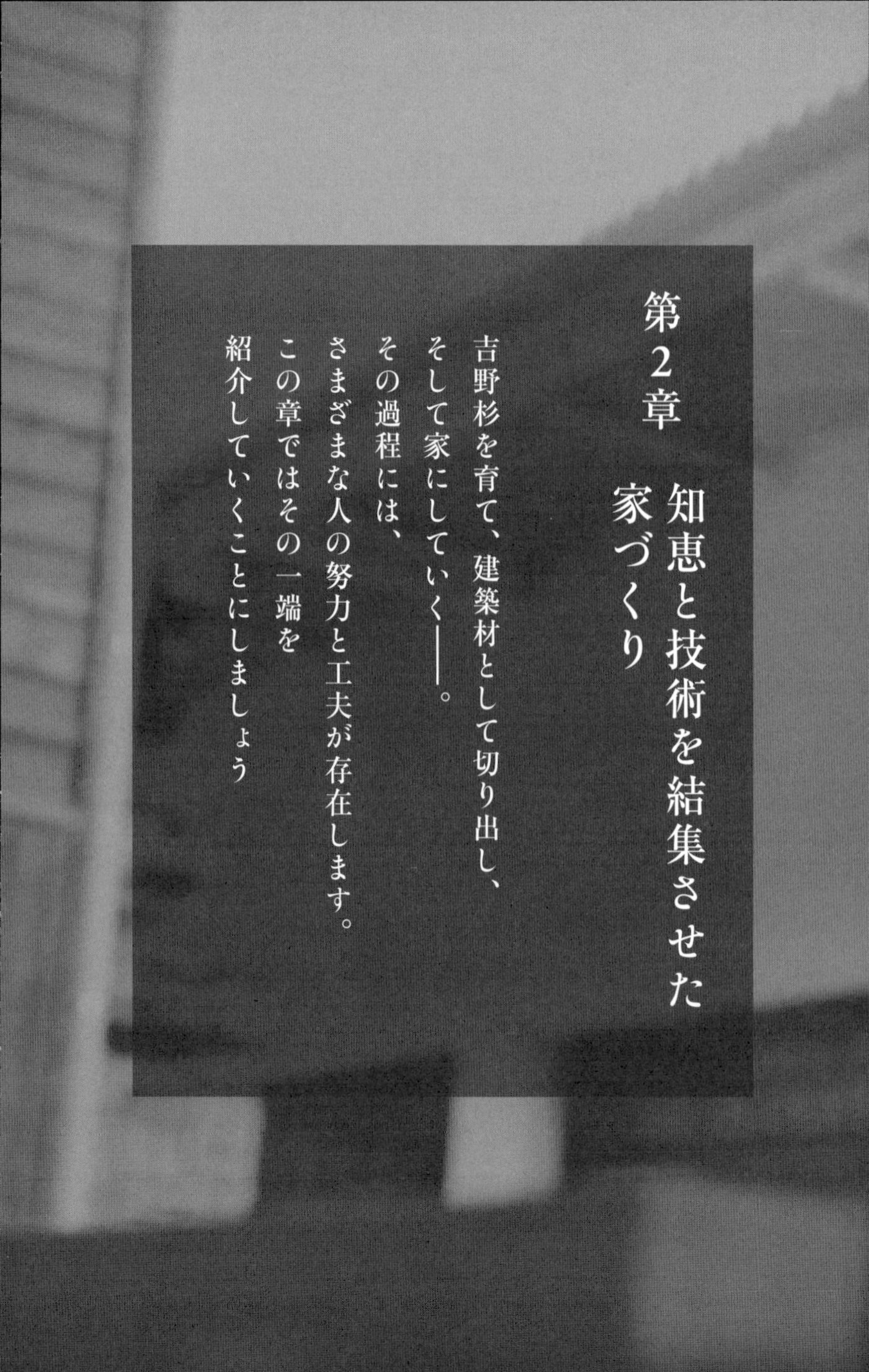

第2章　知恵と技術を結集させた家づくり

吉野杉を育て、建築材として切り出し、
そして家にしていく——。
その過程には、
さまざまな人の努力と工夫が存在します。
この章ではその一端を
紹介していくことにしましょう

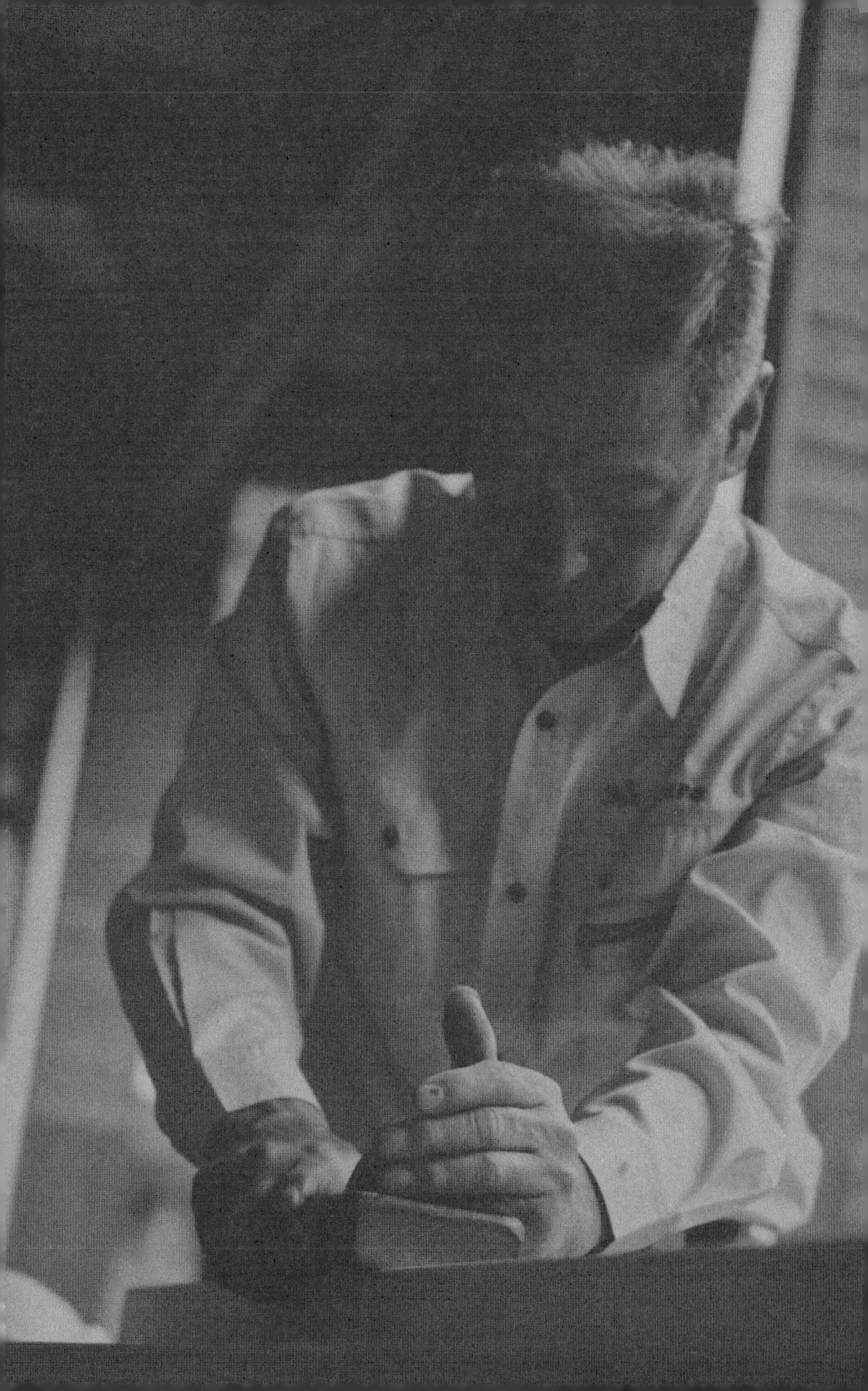

地産地消の家づくり

「住宅産業は地場産業である」

私はこの理念のもとに家づくりを進めてきました。

近くの山の木を使い、その土地の春夏秋冬の気候風土に合わせた家を、代々受け継がれてきた匠の技を持つ職人が建てる。もともとは、それが本来の家づくりの形でした。ですからかつては、各地にその地域ならではの特徴のある家並みが見られたものです。またこうした家づくりは伝統産業として、長きにわたって地域経済を支えてきたものでもあります。

ところが時代は変わり、いまでは全国を網羅する大手のハウスメーカーが同一規格の建材を使い、全国的に似たりよったりの家を建てるようになりました。これでは地場産業が廃り、あとを継ぐ職人たちがいなくなってしまうのも無理はありません。

私はこうした現状を打開すべく、原点に立ち返りました。

地元の吉野杉をふんだんに用いた心地よい住まいを多くのお客様に提供することで、吉野杉の新たな需要を生み、川上村の山守や地元の職人たちに活躍してもらう。そんな「地産地消」のビジネスモデルで地域の活性化に貢献できる家づくりを目指し、取り組んできたのです。

直接取引で「需要」を増やす！

かつては〝高嶺の花〟とされるほどの高級ブランドだった吉野杉の住宅を一般のお客様にも買っていただくためには、価格が高いということを払拭する必要がありました。

そこで着手したのが、吉野杉の独自の調達ルートの構築と、適材適所を考え、無駄を出さない歩留《ぶど》まり（原材料に対する出来高の割合）のよい製材方法です。

国産材の流通ルートは通常、伐採した木が建築材となって工務店に届くまでには、実に多くの業者が関わります。そこで、私たちは山守たちが運営する川上さぷりと直に取り引きし、吉野杉を直接、調達するルートを自ら構築したのです。

その効果はとても大きいものがありました。まず、流通を短縮することで、吉野杉をふんだんに使った家をリーズナブルに供給できる仕組みを確立することに成功しました。

また、この流通ルートの開拓は、川上さぷり側からも大変喜ばれました。直接取引のおかげで計画的な生産が見込まれ、原木を安定して供給できるためです。結果として、ビジネスとして長期的な展望を描くことができるようになりました。

イムラが、林業とエンドユーザーをつなぐ「橋渡し」の役割を担ったといえるでしょう。

２０００年にこの独自の調達ルートを構築したのですが、従来の流通業者からは白い目で見られました。実際、「うまくいくはずがない」ともいわれたものです。しかし、吉野杉の家の発注が順調に伸びていく中で、従

川上村にある川上さぷりの施設。
製材機械を導入し、
乾燥と加工を行うことができる

来の流通業者へ川上さぷりから仕事を発注するという「逆転現象」が生じていったのです。

次第に、この動きは地元の吉野林業に関わる木材業界へ影響を与えていきました。結果的に、過疎化が進んでいた川上村の林業が活気づき、地域経済の活性化につながったのです。

吉野杉を使い切る工夫

同時に進めたのが、原木を余すところなく使う合理的な木取《きど》りと製材の工夫です。

イムラは材木商からはじまった会社ですから、製材方法においては豊富なノウハウがありました。

一方で、川上さぷりは木を育てるプロではあるものの、製材に関してはさらに知識と経験を積む必要がありました。そこで一から提案させてもらった木取りの内容が、次ページの図です。

● 吉野杉を無駄なく使うための「木取り」

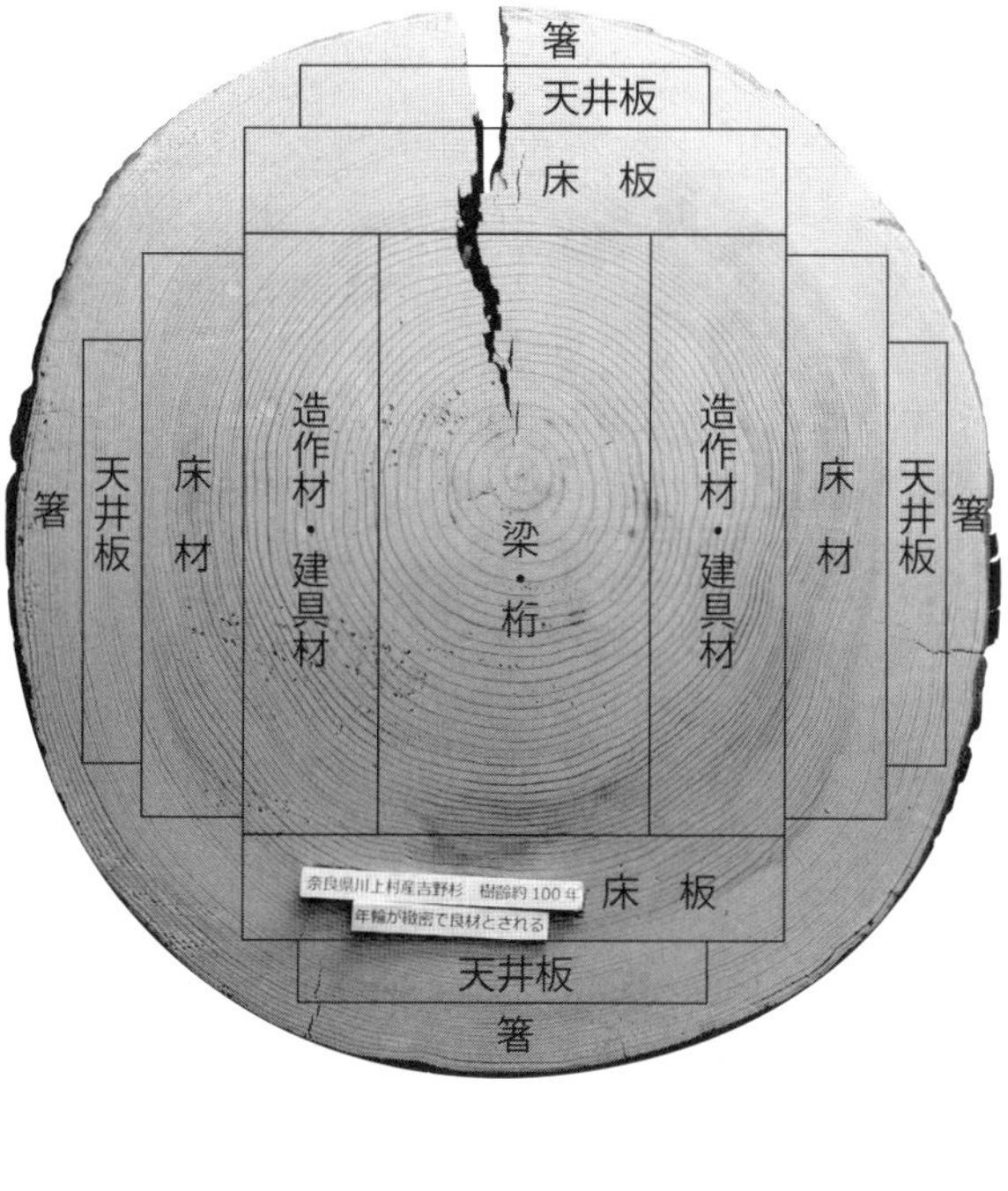

材の適材適所を見極めた木取りをしている

1本の木でも、その断面をご覧いただければわかるように、場所によって色や強度などにさまざまな違いがあります。それぞれの場所をどう切り、家のどこに使うかを決めていく作業を「木取り」といいます。

たとえば、イムラの家づくりにも多く使う樹齢100年ほどの吉野杉の場合、その直径は80～100センチぐらいになります。この大木をいかに美しく、かつ効率よく〝料理〟できるか。そこが腕の見せ所です。

まず、木のもっとも内側にあたるのが「赤身」の芯です。芯材は節がありますがとても強度があり、油分も多く耐久性に優れています。大木の吉野杉だからこそ幅も十分に取れるため、梁や桁材などの構造材として用いられます。

管柱《くだばしら》（柱の一種）は40～50年生の間伐材を用いるなど、できるだけ山の成長に応じ、適時適材の木を使うことで有効活用しています。

続いて、芯から外側の木取りはどうするか。まず、芯に近い赤身部分は製材する方向も重要です。丸太を年輪に対して垂直にカットした際に現れる木目「柾目《まさめ》」は、年輪のラインが直線かつ緻密で化粧材としても非常に映えるため、和室の造作や建具にうってつけといえます。

一方で年輪に対して水平にカットした際に現れる模様を「板目」といい、こちらは曲線の多い木目になります。1本の木から取れる柾目は板目よりも希少なことから、柾目のほうが3倍近い高値で取り引きされるのが一般的です。

次に外側の赤身と白太が混ざった部分が「源平」と呼ばれる場所です。かつては、この源平を建材に用いるのは邪道といわれた時代もありましたが、杉ならではの紅白のコントラストが美しく、いまでは床材として使うようにしました。節が少ない材を選んで用いるため、安心して歩いたり寝転んだりできる肌触りのよさは何物にも代えられません。伸びやかな木目は目にも優しく、吉野杉の魅力を存分に感じることができます。

そしてもっとも外側の白太は、おもに天井板として使い、残りの端材はお箸として有効活用します。

このように、構造材から内装の床材、天井材、造作材、建具や家具にいたるまで、材の適材適所を見極めて木取りを行っていくのです。節のある部分も、もちろん捨てたりはしません。普段は隠れて見えない押入れやクローゼットなどの収納スペースに用いることができるからです。川上さぷりのメンバーも、はじめは「節のあるところも使うのか」といった驚きもあったようですが、いまでは1本の原木を無駄なく使う意識を私たちと共有し、建築材の安定供給を続けてくれています。

住宅一棟に吉野杉を丸ごと使い切る歩留まりのよさは、樹齢100年を超える大木だからこそ。この強みもまた、大幅なコストダウンを可能にできた大きな理由なのです。

分けていただいた木を預かる責任

川上村の人々が先人たちから託されたバトンを何代にもわたって引き継

ぎ、大切に育て上げた吉野杉。これらを家づくりの材として分けていただくからには、責任を持ってしっかりとしたものを建てなければなりません。「木を育てるプロ」の手を離れ、「家づくりのプロ」のもとへ。1本の木が植林され、たくさんの職人たちの手によって銘木が家へと姿を変えるまでには、実に100年単位の長い長い時間が費やされているのです。

家づくりに使われる吉野杉の材の第一歩は、伐採から始まります。前章でもお話ししたように、吉野杉は密植からスタートし、間伐を繰り返しながら、最終的に銘木となる木を選び残していきます。そして樹齢100～200年のたくましく育った木々は、伐採のときを待ちます。

伐採を行う時期は年に何度かありますが、メインとなるのは、夏の「玉用伐り」。玉用伐りは、梅雨の時期に水をたっぷりと吸った木をもっとも暑い盛りに切り倒すことで皮がきれいに剥けやすく、虫のつかない、よい材がとれるといわれているのです。

危険と隣り合わせの伐採

伐採は、山仕事の中でも、もっとも熟練の技が求められる作業のひとつです。

穂先を山側へ向け、かつ他の木に当たらないように……。さまざまな条件がクリアできる方向を慎重に見極めていかなければなりません。

さらに樹齢200年ほどの大木の場合は、周りの木にロープをくくりつけるなどして、方向がぶれないようにとくに注意を払いながら進めていきます。

準備ができたら、いよいよ伐倒へ。チェーンソーで少しずつ切り込みを入れていきます。ときにはくくりつけたロープに人がぶら下がり、倒れる直前に逃げるといった昔ながらの手法をとることもあり、現場は常に危険と隣り合わせです。

木が倒れるときは、
「ドシーン」という音とともに、
ある種、荘厳な時間が流れる

やがて大木は山の背に「ドシーン」と大きな音を立てて倒れます。職人さんたちの間に張り詰めた緊張感がふっと和らぐ、安堵の瞬間であると同時に、人間が木の命をいただいていることを心から感じる厳かな時間でもあります。

さて、伐採が終わると倒れた木は約半年間、枝葉をつけたままその場に放置されます。この過程を「葉枯らし」といい、枝葉を通して水分を蒸発させ自然乾燥を行うための大事な期間でもあります。

梅雨の時期を過ごした木は水をたっぷり含んでいるため、断面からは真っ黒な樹液が絶えず流れ出てきます。

この樹液はやがて止まり、ときとともに渋が抜けて、吉野杉を象徴する淡紅色に変化していくのです。

また水分が抜けると重量も軽くなり、搬送や出荷にかかるコストが抑えられるという利点もあります。

山からの出材は空中戦で

半年間、山で寝かせて乾燥が進んだ吉野杉の原木は、いよいよ運び出されることになります。

先にもお話ししたように、川上村の山は非常に険しく、杉は垂直かと思うほどの急峻な場所に立っています。そのため林道をつけることができず、伐採した原木を車で運搬することができません。

かつて大坂城などの建築に吉野の材を使った際には、切り出した木を吉野川へいったん落とし、いかだを組んで和歌山の新宮まで運んだといわれています。先人たちも、この大きな材木を運び出すために大変苦心したに違いありません。

ではいま、トラックのような大型車が入っていけないのであれば、どうするのか。そこで始まったのが〝空中戦〟、ヘリコプターの出番というわけです。全国的にこの方法で出材しているところは少なく、これもまた吉野杉を象徴する特徴的な工程といえます。

ヘリコプターの出動には、1時間約60万円という高いコストがかかります。そのため、コストに見合うだけの高値がつく100～200年生を中心とした大径木を選んで運ぶことになります。

さて、空中を使って出材するこの方法も、たくさんの職人さんたちの高い技術があってこそ実現するものです。

とくに、急斜面の足場で材にワイヤーをくくりつけ、ヘリコプターで持ち上げる際の、現場の方たちの熟練された技術には目を見張るものがあります。およそ15メートルほどある原木は平均4メートル、最長で約6メートルの長さに切り分けて持ち上げられるのですが、それぞれの材の重さや太さは均等ではありません。ですから一度に何本積むかはその場の判断に委ねられるのです。当然、重すぎるとヘリコプターがバランスを崩す危険がありますし、その真下で作業する職人さんたちにもリスクが及ぶことになります。

職人さんたちの手によって、手際よくワイヤーにくくりつけられると、ヘリコプターは材木とともにぐんぐん高度を上げ、村内の集材場所へ向か

職人の技術と経験で、その場で何本積むかを判断し、
吉野杉はヘリコプターによって搬出される

います。

もちろん、スムーズな出材は、空中でも安全に作業を行ってくださる操縦士の方のおかげなのはいうまでもありません。山の上からピンポイントで地上にワイヤーを下ろし、材を吊り上げて、集材場所へ運ぶ。一度に持ち上げられるのは多くても2〜3本。限られた時間の中で何往復もしなければなりませんから、非常に集中力が求められる作業です。

こうした人々の力によって、大切に育てられた吉野杉は「材」となり、「家」へと姿を変える一歩を踏み出していくのです。

木を知る熟練技の結集

川上さぷりによって製材された吉野杉は、イムラの専属大工たちが従事する加工場「高田クラフト」に届けられます。ここで大工によって、一棟一棟それぞれに適した材に仕上げていきます。

木目が美しく優しい肌触りが魅力の杉ですが、その一方で、ときに〝大工泣かせ〟でもあります。杉は他の木に比べて木目が細かいため、使う道具の切れ味が悪いとすぐに角が崩れたり、切り口に雑味が出たりしてしまうのです。

そのため、のこぎりやカンナは複数用意して早めに取り替えなければなりません。加えて、傷や凹みにも細心の注意が必要です。

このように、吉野杉を建材に使うということは簡単なことではありません。現在、イムラの棟梁を務めてくれている樋口佳伸さんは親子2代にわたる大工で、この道45年。部材の選定から加工、組み立てまでのすべての仕事を統括する責任者として大工集団を率いてきました。また2019年からは彼の息子もイムラの社員大工として入社し、3代目を目指してがんばっています。

吉野杉の家を建てるようになってからは、大工たちにとってはよりいっそう力の試される現場が増えました。しかし「丸太の状態から関わって家づくりができるのは、大工として腕が鳴る」と樋口棟梁はいいます。

また川上村で吉野杉を伐採する現場を最初に見せてもらったことも大きな刺激となったようで、それまでは単に「家づくりの材料」としか見ていなかった材木も、無駄なく大切に使おうという意識に変わったそうです。

家は、お客様にとっては一生にそう何度もない大きな買い物。「不便や不都合のない、快適な空間で長く暮らしていただきたい」との思いで、大工たちは責任を持って現場に立ちます。

川上村から木を託され、お客様から家づくりを任せていただく。そんな中で大工もまた、吉野杉に育てられているのです。

本格和室は高い技術の集合体

昨今では和室のないお宅も増えてきました。「吉野杉で家を建てる」と聞くと純和風建築を思い浮かべる方もいらっしゃるかもしれませんが、どんなテイストのインテリアにもマッチする懐の深さもまた吉野杉の魅力で

吉野杉の家において本格和室は、
職人の腕が鳴る“見せ場”でもある

はないでしょうか。

とはいえ、本格和室のオーダーをいただくと、やはり専属大工たちの腕が鳴るのも事実。木造建築の技の集大成ともいえる本格和室の施工を手がけさせていただけるのはとても名誉なことです。

和室の場合、多くは「真壁《しんかべ》」といって柱よりも壁が内側にくる仕様で仕上げることになります。そのため、構造材にあたる柱のほか、鴨居や敷居、天井の竿縁《さおぶち》、床の間の絞り丸太といった部位をすべて見せる形で施工しなければなりません。

大工の力量が試される、いわば一切「ごまかしのきかない」現場なのです。材にはより見た目の美しい最高級のものを使い、丁寧かつ慎重に組んでいきます。

私たちのような木造建築を請け負う人間の間では「大工の腕は和室の隅を見ればわかる」といわれています。たとえば長押《なげし》と長押を隅でいかに美しく組めるか。一つひとつクセの異なる材を手加工で調整しながら木目を合わせ、設えていく作業には非常に熟練した技術が必要です。

少しでもずれれば隙間ができたり歪んだりしてしまうため、経験を積んだ大工の腕を持ってしても簡単なことではありません。こうした集中力の求められる緻密な作業を繰り返しながら、本格和室は完成していきます。

しかし難しい施工だけに、やりがいや完成したときの安堵感もまた格別です。吉野杉の真骨頂ともいえる美しい木目に包まれた和の空間には、なんともいえない優美さがあります。

伝統的な日本建築の価値を次世代に伝えていくのも、私たちの大きな役割だと思っています。

内装建具も腕の見せ所

大工とともに家づくりに欠かせないのは、建具づくりや壁の施工を担当する職人たちも同じです。最近は本格的な日本建築が減り、職人の伝統技術を活かせる場が少なくなってきました。そのため、腕のいい職人が減り、いざ仕事を頼もうにも「任せられる人材がいない」という状況とも常に隣り合わせの時代になりつつあります。

こうした職人の育成も、より質の高い住宅建築を目指す上では不可欠であると考えています。

とくに建具職人の存在はとても重要です。吉野杉でできた開き戸や引き戸、障子、収納建具といった建具は、いっそうの彩りをもたらしてくれるからです。

イムラの内装建具は、樹齢150年生の吉野杉を選んでつくるオリジナル品です。建具職人が一枚一枚仕上げる建具は凛とした存在感がありながら、室内空間に調和し、使うごとに愛着が増していきます。使い勝手のよさを追求し、開閉がスムーズなのも、微調整を重ねながら丁寧に手づくりされた証しといえます。

中でもデザイン性と適度なプライバシー保護の機能を兼ね備えた格子戸

「吉野杉の家」の内装建具は
すべて吉野杉を使ったもの。
手仕事だからこそのよさを実感できる

などは、日本古来の生活の知恵が詰まった代表的な建具です。自然の木を加工し、繊細な技によって生み出される建具は、腕のいい職人がいてこそできるオンリーワンの逸品なのです。

また一般的に吉野杉には和風のイメージがありますが、私たちは洋風空間にも合う建具をデザインし、吉野杉のオリジナル建具(GENPEI)は、2016年度にはグッドデザイン賞をいただくこともできました。

私たちの家には、こうした職人の美技がそこかしこにちりばめられています。たしかに、大量生産できる工業製品に比べれば何倍もの手間がかかることも少なくありません。しかし住めば住むほど、使えば使うほどにそのよささを感じていただけるでしょう。そんな家を、これからも職人とともにつくり続けていきたいと考えています。

家を彩る「左官」の美技

家の中でも非常に広い面積を占める壁や土間の仕上げを一手に引き受け

「吉野杉の家」の施工で
欠かすことができない建具職人（上）と
左官職人（下）

る、左官職人も欠かせません。

イムラではおもに、珪藻土を用いた塗り壁が標準となっています。珪藻土はその名の通り、珪藻の殻の化石からなる堆積岩で、調湿作用や脱臭効果に非常に優れた材質です。

とくに梅雨どきや結露の多い時期などは珪藻土が湿気を吸ってくれることで、室内を快適に保つことができます。

無垢材にも同様に調湿効果があるため、木と珪藻土のダブルの力で1年を通して快適に過ごせるというわけです。

ただ珪藻土などを使って仕上げる塗り壁には、熟練した技術が不可欠です。絶妙な塩梅《あんばい》に珪藻土を練り上げ、壁材が乾いて固まってしまわないよう手際よく進めていかなければなりません。

こてムラのない真っ平らな塗り壁をご覧になったことがある方もいらっ

珪藻土の壁は一棟一棟、
左官職人がこてを使って仕上げる。
熟練の手仕事だからこそ、
落ち着いた上質な空間となる

しゃると思いますが、そこにはベテラン職人ならではの技が凝縮されているのです。もちろん、あえてランダムなこてムラを残したり、規則的な模様をつけていく仕様にも対応できるのはいうまでもありません。

本気で未来の棟梁を育てる取り組み

「住宅業界では大工の高齢化や後継者不足が深刻なのに、イムラさんのところでは20代の若い職人さんがいつも現場を元気よく走り回ってる。いったいどうなさってるんですか？」

そんな質問をよくいただきます。その通りで、私の会社では20代の大工たちが修業の真っただ中にいます。

もちろん、大工の人材確保は私どもにとっても重要な課題です。若手があとに続かなければ、脈々と受け継がれてきた伝統技術が途絶えてしまうことにもなりかねません。

だからこそ、どうしたら若い大工たちを育てることができるのか、私もずいぶんと悩みました。そこで取り入れたのが「6年間、社員大工として育成する」という独自の大工育成システムです。

以前は、大工は「棟梁に弟子入りし、修業を積む」というのが当たり前でした。親方や兄弟弟子たちと寝食をともにしながら住み込みで働き、一人前になっていくという図式です。またバブル時代までは、親のあとを継いで大工になる息子さんたちもたくさんいました。

しかしいまの時代、そうしたイメージのままでは大工を志す若者は減る一方。ですから、一般のサラリーマン家庭に育った子どもたちがどうすれば抵抗なく「大工の仕事をやりたい」と思ってくれるか。そこからの発想でスタートしたのです。

イムラではまず、大学や専門学校を卒業した大工志望の学生を社員大工として採用します。正社員として安定した月収や福利厚生を保証するので

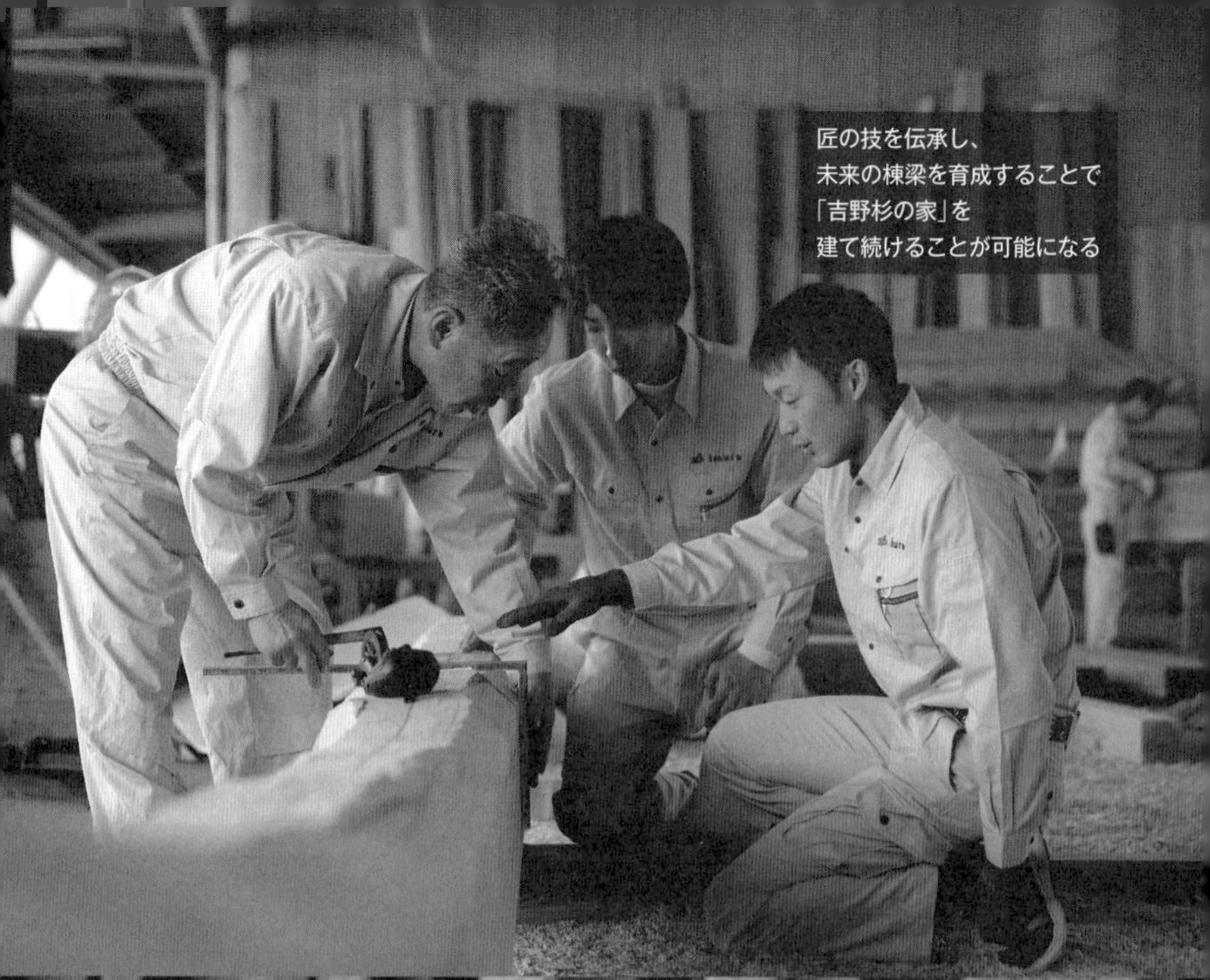

匠の技を伝承し、
未来の棟梁を育成することで
「吉野杉の家」を
建て続けることが可能になる

す。また採用までには、本人だけでなく親御さんも交えて面談を行います。現場は厳しい世界ですから、先輩に叱られることもあれば、危険を伴う作業に携わることもあります。雨の中でも働かなければなりませんし、体力も必要です。

そうしたことをしっかりと伝えたうえで「それでもがんばれるか?」と確認し、親御さんには息子さんのケアをお願いするのです。

また現場での人間関係や相性も大事ですから、本人には実際に現場で作業もしてもらいます。採用の決まった大工の卵たちはみんな意欲にあふれ「早く一人前になって親を楽させてあげたい」などとうれしいことをいってくれます。

未来の住宅建築を背負う人材を育てる「熱意と工夫」

もちろん「採用したら終わり」ではありません。入社後も月に1回は、私自ら住宅業界のことや安全教育、現場におけるマナーについて研修を行っています。また、年に1回、棟梁も交え、本人と親御さんの面談を続けます。技術面での反省や働くうえでの思いなどを聞きながら、次の1年へとつなげていきます。

こうすることで親御さんにも、本人に対してエールを送る〝応援団〟のような存在になってもらえるのです。

1年1年、経験を重ねるごとに若い社員大工たちは確実にたくましく成長していきます。腕っぷしが強くなるのはもちろんのこと、仕事に対する考え方や責任感、教えを忠実に実行する姿勢などの変化を見ると、私も頼もしく感じます。

こうして6年間の育成期間を終えると、彼らは社員大工を〝卒業〟。7年目となる次の1年間は棟梁へのお礼奉公として働き、8年目からはいよいよイムラの専属大工となります。

専属大工になれば、ゆくゆくは十分な給料を受け取ることも可能です。どれだけ修業を積んで技術を身につけても、その後に「本当に大工として食べていけるだろうか」、そんな不安を彼らに抱かせてしまったのでは、育成した意味がありません。社員大工から専属大工へのビジョンを明確に示すことで、彼らには将来の夢と安心を持って、現場に立ってもらいたいと思うのです。

２０２１年現在、私どもの会社では20代の社員大工６名が棟梁のもと、懸命に修練を積んでいます。吉野杉が長い年月をかけて立派な大木になるように、その木を相手にする大工もやはり、年月をしっかりかけて大成していくのだと思います。

この先の住宅建築を背負っていけるような、確かな技術を持った未来の棟梁がひとりでも多く生まれてくれることを願っています。

掃除は1日5回、大工の意識も向上

大工の意識は現場にも反映されます。お客様にお任せいただいた家の建築現場がいつも散らかっている、職人が挨拶をしない、などといったことは論外で、常にどう見られているかを意識したふるまいを心がけるべきだと考えています。

それを実践する一環として私たちが行っているのが「現場キレイ運動」です。お客様がいつ現場に来られても気持ちよく感じていただけるよう、1日5回の掃除を必ず行うようにしています。

こうお話しすると「作業もそこそこに掃除ばかりしているのでは」と思われるかもしれませんが、こまめに片付けるため、短時間の掃除で効率的にすませることができるのです。

また建築中の家の中はもちろんのこと、仮設トイレなどにも手を抜くことはありません。

工事現場となるとトイレ掃除などはついあとまわしになりがちですが、いらっしゃったお客様がいつでも清潔にお使いいただけるよう、どんな場所も見落とすことがないよう心がけているのです。

整理整頓が行き届いた作業空間。
安全の確保や作業効率がよくなるだけでなく、
お客様に現場管理の様子も確認して頂ける

現場が常に整理整頓されているということは、見た目に美しいだけでなく、安全の確保や作業の効率化にも直結します。思わぬところに物が置かれつまずきそうになったり、たくさんの道具や資材が散乱し必要なものがすぐに見つけられなかったりしたのでは、当然危険や作業の停滞を招いてしまうため、現場を美しく維持しておくことは職人たちにとっても大きな利点があるのです。

またご近隣の方々にはとくに注意を払います。前面道路の清掃や挨拶、作業時間の厳守、駐車の仕方など細部にいたるまで配慮を欠かさぬよう徹底するのです。

家が完成し、これから先、お客様が長くお住まいになる場所です。ご入居前に工務店の不注意によってお客様とご近隣の方々との関係を悪くしてしまうようなことがあってはなりません。家づくりとは、そこまで心を尽くして行うべきだと考えています。

「職人に話しかけてもいい」現場づくり

「大工は工事さえしていればいい」

そんな時代は終わりました。

いまは職人たちもみな、ホスピタリティの心を持ってお客様と接することができなければなりません。

またそうした大工をしっかり育てることは、施工を請け負う会社の責任でもあります。

一般のお客様からすると、職人というのは近寄りがたく感じられることもあります。

「作業中に話しかけてもいいものだろうか」

と遠慮なさる方もいらっしゃるかもしれません。しかし、お客様がいらっしゃる際には気持ちよくお迎えし、疑問があれば気軽に質問しやすい空気をつくっておくのが本来の姿です。

イムラでは月に一度、「大工会」と称して専属大工や社員大工を集め、研修を行います。毎回いろいろな講師の方を迎え、仕事をするうえでの大切な心得を座学で学んでもらうのです。こうした積み重ねによって大工たちの意識はさらに向上していきます。

お客様から「わからないことがあっても職人さんが親切に教えてくれた」「いつ現場に行っても感じよく接してくれた」といったお声をいただくたびに、こうした取り組みの重要性を再認識させられます。

現場での着工から竣工まではおよそ4か月。わずかな期間ではありますが、お客様にとっては末長く続く新生活の〝序章〟ともいえる大切な時期です。

大工をはじめとするすべての職人がそのお客様の気持ちに寄り添い、一棟一棟、確かな技術と誠意を持って施工することが何より大切だと、常日頃から考えております。

イムラの専属大工や社員大工。
たしかな技術と誠意を持って一棟一棟施工している

Column 2

実際に建ててわかった、住んで感じたお客様の声

（「吉野杉の家」を建ててよかった①）

香りや肌ざわり……まさに五感に訴える快適な住まい心地を楽しんでいるお客様の声をいくつか紹介します

「**家に入るとまず木の香り**。リビングの天井を杉板にしてもらったので、床に寝転んで天井を見ると何ともいえない気持ち。人工物でなく、**自然の中で生活できていることを強く感じられ**、それが**体にも心にもよい**と感じています」（大阪府／O様）

「吉野杉の床、珪藻土の壁……。本当に毎日気持ちよく過ごせています。とくに床！　少し傷はつきやすいですが、その分**やわらかく、家で過ごす時間が大好きになりました**。ずっと住みたい家に仕上げていただき、感謝です」（奈良県／K様）

「断熱性がよいのか、夏場はエアコンを短時間運転するだけで涼しく過ごせました。**冬場は朝方であっても素足で歩けるほど木の温かさがあり**、気持ちよく過ごせました。友人、知人からは家に入った時から**杉のよい香りを感じる**と好評です。また内装にも木がたくさん使われ、落ち着いた空間で素敵といわれます」

（大阪府／T様）

「格段に暮らしやすくなりました。空気がこもることがなくなったため、**梅雨の時期でも不快感がありません**。部屋干し臭などのにおいが気になることもほぼないです。吉野杉の床と珪藻土の塗り壁も居心地のよい空間を演出してくれます。とくに珪藻土の壁がきれいで、**これが標準仕様であることに驚きます**」

（奈良県／K様）

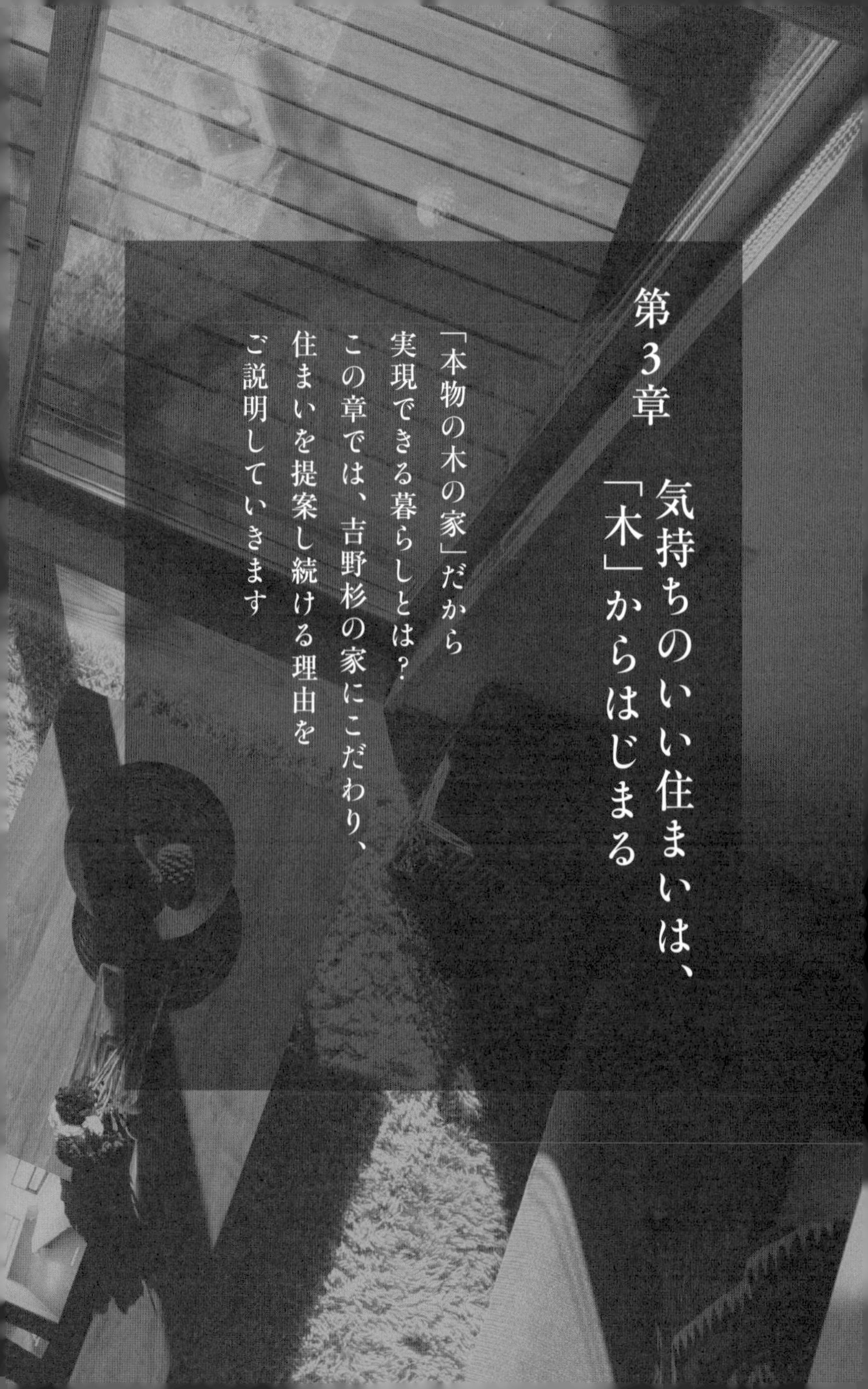

第3章 気持ちのいい住まいは、「木」からはじまる

「本物の木の家」だから
実現できる暮らしとは？
この章では、吉野杉の家にこだわり、
住まいを提案し続ける理由を
ご説明していきます

思わず裸足になりたくなる心地よさ

「よろしければぜひ、裸足になってみてください」

吉野杉の家にはじめていらした方に、私がいつもお声がけする言葉です。吉野杉には、見て触っていただければわかる、「五感に訴えかける魅力」がぎっしりと詰まっています。

奈良県は三方を山に囲まれた盆地であることから、夏は高温多湿、冬は厳しい寒さに見舞われます。そんな県でたくましく育った吉野杉は、地元の気候風土に順応した最たる木といえます。

そんな木を使って、地元の職人が手がける家は、やはり住む人にとってもとても心地いいものです。

吉野杉は、繊維に多くの空気を含んでいます。そのため、熱伝導率が低く体温が奪われないため、冬は暖かく、夏はさらっと快適に過ごせるのです。試しに手のひらを数秒間、杉の無垢材にあててみれば、木材本来の温かみを実感していただけることと思います。

とくに、いままで合板のフローリングをお使いになったことがある方は「冬はひんやりと冷たく、夏はなんだかべたつく」と感じた経験があるのではないでしょうか。

それらに比べると、杉の心地よさは段違いです。私が、裸足で直に触れてみることをすすめる理由もここにあります。

こうした木の特徴を活かし、イムラではオリジナルの床材「吉野杉の床」を採用しています。樹齢約100年の吉野杉を幅6寸（約180ミリ）、厚み15ミリに加工し、体にも環境にも優しい自然塗料で表面を仕上げます。これが、誰もが自然と寝転がりたくなるような、心地よい床を生み出すヒミツなのです。

素足で歩くことで、
温かみ、肌触りなど、
吉野杉ならではの心地よさを
実感することができる

風土にあった健康な住まいがもたらすもの

また、目に優しい木目の美しさも吉野杉の特徴です。第1章でもお話ししたように、密植によって枝が生育途中の早いうちに自然と落ちることから、製材した際に節が少なく、床材などに使用すると流麗な佇まいを見せてくれます。杉ならではの赤と白のコントラストも、空間を優しく彩ってくれます。

さらに吉野杉は香りも格別です。思わず深呼吸したくなるような自然の清々しい香りはストレスを抑え、睡眠効果を高めることがわかっています。またその一方で集中力を向上させる作用もあり、書斎や子ども部屋にも適しています。

奈良県庁奈良の木ブランド課による検証結果(*)では、奈良県産の杉は他府県産の杉よりも大腸菌の増殖やカビの生育を抑える効果が高いこともわかってきました。吉野杉を床や天井など内装材に使用することで、四季を通して室内を清潔かつ快適に保つことができるのです。

＊出典：奈良の木のこと（https://www3.pref.nara.jp/naranoki/health/）

五感が喜ぶ「吉野杉の家」は、
家族に寄り添う住まいといえる

　このように、五感に訴えかける吉野杉の家の持ち味は、地元の風土や人々の暮らしの中に寄り添ってこそいっそう輝くものです。そして木を使うことで森の循環を促進すれば、未来へ向けての持続可能なサイクルはさらに確固たるものになっていくでしょう。

　木を育て、家をつくり、人が住まう。その流れを主流にし、関西での大きな潮流にすることができればと願ってやみません。

「食材」にこだわるように「木材」を選ぶ

　家は、多くの方にとって一生に一度の大きな買い物です。そのため、どんな材を使い、誰に建ててもらうのかをじっくりと考えて決める必要があるはずです。

　家づくりにおいて妥協せず選んでいただきたい最たるものが「材料」にあたる木材です。

おそらく多くの方が、健康のための食材選びには気をつけていらっしゃることでしょう。肉や野菜の産地、農薬使用の有無、加工食品の添加物などを意識していつもお買い物なさると思います。

一方、家の木材となると、どうでしょうか。

木造住宅にお住まいの方の中で、自分の家に使われている木材の産地がどこなのかを答えられる人が、どれぐらいいるでしょうか。

施工を担当するハウスメーカー側も、また然りです。使用する木材のルーツをお客様にきちんとお伝えしている企業が、はたしていくつ存在するでしょうか。

最近は海外から輸入した格安の木材が多く使われるようになりましたが、その中には腐食を防ぐためにカビ止めの薬剤が使われていたり、防虫剤が

食材も家も、安さだけで選ぶのではなく、
健康的な暮らしのために
素材にこだわって選びたい

施されているものがたくさんあります。

そうした材を使った家に住んでも本当に健康的な暮らしが送れるのかどうか。私は、はなはだ疑問です。

人生の中でもっとも長い時間を過ごす自分の家。

家を建てる際にはぜひ、食材にこだわるように木材にもこだわっていただきたい。その思いを日々強くしています。

ときの流れとともに味わいの増す家

新築の家はとても気持ちのいいものです。何もかもが新品で美しく、住み心地も非常に快適なことでしょう。しかし「新築だからこその魅力」はそう長くは続きません。経年とともに傷みや汚れが目立つようになります。

新築時の家のスペックを100とすると、その後は右肩下がりに落ちていくのが一般的です。

年月が経つと次第に飴色に変化し、
落ち着いた佇まいになっていく

しかし吉野杉の家は違います。吉野杉の無垢材は、新築のときは赤と白の色合いが鮮やかで、その木目の美しさは他府県産の杉と比較しても段違いです。このコントラストは年月が経つとともに次第に飴色に変化しながら、落ち着いた佇まいになっていきます。

もちろん杉は柔らかいため、暮らしの中で傷もついてしまいます。しかし柔らかいということは、人や動物に優しいということでもあります。

こうした変化は住む人にとって、何物にも代えがたい愛着となり、暮らしをより豊かにしてくれるのです。

川上村で〝見て触れて〟わかること

吉野杉の家を建てることを検討される方などを対象に、イムラでは川上村の森へご案内する「伐採ツアー」を毎年行っています。普段は材木になった状態でしか見ることのない吉野杉のスケール感を間近で体感することで、木や山により親しみを持っていただきたいとの思いで2001年からス

伐採ツアーの風景。
木が倒れる時の迫力は圧巻の一言

タートさせました。

ご協力いただくのは、川上さぷりのメンバーをはじめとする村の山守のみなさんや村役場の方々。自分の2、3代、あるいはそれよりもさらに前に植林され、現在まで大切に育てられてきた吉野杉に触れながら、生産者の思いを語ってくれます。


イベント名の通り、ツアーは「メイン」ともいえる伐採の見学へと進んでいきます。伐採は山仕事の中でもとくに危険を伴う作業。準備も慎重に行わなければなりません。倒す方向を定め、幹にロープをかけていく。その様子を見守る参加者のみなさんの表情にも自然と緊張感が漂います。

いよいよチェーンソーが作動し、その刃が幹を削り始めます。そしてタイミングを合わせてもうひとりがロープを引くと、大木はミキミキと鳴り、やがて「ドシーン」という音とともに倒れます。その間、わずか10秒。樹齢100年を超える吉野杉が、こうして伐採されていくのです。

1本の木の命をいただくこの瞬間には、いつも厳かな空気が流れます。

伐採したあとの木だからこその
清々しい香りを直に感じることができるのも、
このツアーならでは

参加者のみなさんにも「わぁ……」と思わず歓声を上げる方、じっと静かに見守る方など反応はさまざま。お子さんたちもはじめて見る光景に驚き、何かを感じ取ってくれているようです。

人々のぬくもりが木のぬくもりにつながる

伐採されたばかりの切り株からは杉特有のとても清々しい香りが漂います。中には、その香りに「心底癒される」と何度も深呼吸なさる方も。そしてツアーの最後には、みなさん一様に「感動しました」とおっしゃいます。

山へ実際に出向き、伐採の一部始終をご覧になることで「いま倒された木がやがては自分の家の材木になるのかもしれない」というイメージが明確になり、木への愛着をよりいっそう深めてくださるのです。

またこのツアーの盛況は、地元・川上村の多くの方々のご協力抜きには語れません。村にやってきた参加者のみなさんをいつも笑顔で歓迎し、毎回婦人会による炊き出しなどで出迎えてくださいます。

20年にわたり、
この伐採ツアーが開催されてきたのは、
川上村のみなさんのご協力とおもてなしがあってこそ

ある社員は「川上村のみなさんの温かさがそのまま吉野杉のぬくもりに通じている気がする」といいます。まさにその通りです。親が育てたように子が育つのと同じで、川上村の心温かい人々の手によって愛情たっぷりに育った吉野杉もまた、住む人を温かく包み込んでくれるのでしょう。

20年にわたって毎年開催してきたこのツアーには、いままでに計3000人の方が参加してくださいました。このツアーへの参加が決め手となり、「吉野杉で家を建てる」と決意されるお客様も、たくさんいらっしゃいます。

これからも地元の山と家づくりとの確かな結びつきを実際に目で見ていただくことで、吉野杉の需要が増え、川上村の森の持続につながっていくよう願ってやみません。

自分の目で見なければわからない〝魅力〟

吉野杉の家のよさをお伝えするうえで、実際に見たり触れたりしていた

現場案内では、完成すると
見えなくなってしまう構造材や断熱材だけでなく、
現場管理の様子も確認できる。
また、大工さんとも直接お話することも可能だだくことに勝るものはありません。そこで、ご検討中のお客様に吉野杉の家のどんな部分もすべて見ていただきたいと考え、現在建築中の現場をご覧いただいたり、先にご紹介した伐採ツアーを開催したりとさまざまな取り組みを行ってきました。

これらに加えて力を入れているのが、実際に建てられたお客様のお宅にご案内する「エスコートホーム」です。

イムラには、実際に吉野杉で建てた展示場が6つあります。この展示場にお越しいただければ、木の香りや質感などをしっかりと体感することができます。

しかし実際にお住まいになりたい家の形は、お客様ごとに一棟一棟異なります。希望の広さや間取り、家族構成や生活スタイル、2階建てか平家か、あるいは和風か洋風かなど……。

さまざまな条件を満たした家となると、展示場を見ていただくだけではなかなかイメージするのが難しいのが実情です。そこではじめたのが、すでに吉野杉の家にお住まいのお客様にご協力いただき、検討中のお客様の訪問を受け入れていただくという方法です。

たとえば、すでにお住まいのお客様の中には、子育て中の4人家族、セカンドライフを満喫中のご夫婦、二世帯でお住まいのご家族、猫ちゃんと暮らしている方など、いろいろな方がいらっしゃいます。

その中でご自身のタイプに近いライフステージのお宅を選んで見せていただくことで、より明確なマイホームの形がイメージできるというわけです。もちろん、希望のテイストなどを中心に見て回ることもできます。

この取り組みの最大のメリットは、実物を見ることができるだけでなく、そこにお住まいの方に「直接」住まい心地をお聞きできるという点です。

さらに、多くのお客様がお知りになりたい家のお手入れの仕方や間取り選び、必要な収納スペースなどについても、参考になることが非常に多いようです。

加えて夏や冬のエアコンの設定温度といったところまでお聞きできるた

め、入居後のイメージがどんどんクリアになっていきます。もちろん、イムラの担当者には直接聞きにくい「本音」なども交えてお客様同士でお話しいただけるのも、私たちにとってはとてもありがたいことです。

そしてもうひとつ、エスコートホームには大きなメリットがあります。それは、築年数ごとに異なる、木の家の経年変化も見ていただけるという点です。

新築の頃は白かった杉は、ときとともに飴色に変化していきます。その色味は、年数ごとに違ってきます。築3年、5年、10年……さらにもっと長い築年数のお宅まであり、それぞれの味わいの深まりを確認していただくことができます。

杉の無垢材で建てた家の経年変化には「老朽」や「劣化」という言葉は当てはまりません。構造材をしっかりと組んだ家の強度はそのままに、自然素材ならではの変化が楽しめます。

実際にイムラで建てたオーナー様のお住まいに
ご案内する「エスコートホーム」。
展示場だけではわからない、住まい心地などを直接聞くことができる人間が年を重ねるごとに円熟味を増すように、吉野杉の家もまた、月日とともに成熟していくのです。

この取り組みはいうまでもなく、実際にお住まいのお客様のご協力があって成り立っています。

はじめは「『見せてもいい』とおっしゃる方が数組でもいれば……」と思っていたのですが、そんな予想に反して実にたくさんのお客様が手を挙げてくださいました。

いまでは常時、50軒ほどのお宅がご検討中のみなさんの見学を受け入れてくださっています。

吉野杉の家に住む方から住みたい方へ。そのバトンを絶やさずつないでくださるお客様の気持ちは本当にありがたいものです。

この先も30年、50年、100年と、より築年数を重ねたお客様のお宅が増えるまで、この取り組みを続けていきたいものです。

実際に建てた人の声にこそ「本音」がある

本章の最後に、吉野杉の家を実際に建てられたお客様の声を一部、ご紹介したいと思います。

まずは「吉野杉の家を建てようと思った決め手」について。マイホームの購入を検討する際には、多くの方が複数のハウスメーカーのモデルハウスを見て回られることと思います。人生を左右する大きな買い物ですから、いろいろ見ながらじっくりとご検討なさるのは当然のことです。多くのお客様も、いくつかの候補の中から最終的に「吉野杉の家」に決めてくださいました。

「家づくりに使用する材木の産地が明確で、地元・吉野の山に対する思いを感じることができた」

「なるべく自然に近い素材を使っているので環境に優しく、四季を通じて住みやすそう」

「材質のよさ、工法のすばらしさなどを実感し『本物の家』づくりができると考えたから」

など、最初の直感で、あるいはお話ししていくうちに次第に吉野杉の魅力を感じ取ってくださっているようです。

また、家づくりにおいてこだわった点やお気に入りの場所もみなさんそれぞれです。

「明るさ、風通しや通気性のよさ」

「子どもがのびのびと走り回れる家。薪ストーブや吹き抜けのリビング、主人の書斎にはこだわりました」

「夫婦二人で暮らす老後も考えた、こぢんまりとした平家づくりとお茶をする縁側」

「まるでホテルに泊まっているような、家族とゆったりくつろげる〝非日常の空間〟に」

と、木造の注文住宅ならではの自由度の高さで、希望を形になさっていることがわかります。

　私たちは、ご入居後も定期的にアンケートにお答えいただき、継続して住まい心地を伺うように心がけています。

　みなさんのご感想を拝見すると、無垢材の家のよさをあらためて実感いただいている様子が伝わってきます。

「子どもが転んで頭をぶつけても杉の床が柔らかいので安心」

「帰宅したときに感じる木の香りが幸せ」

「在宅勤務でも一日中快適に過ごせる」

「外出していても、早く家に帰りたくなる」

「新築にもかかわらず、思わずつけてしまった傷ですら、よい味が出ている気がする」

「何度も何度も『いい家だなぁ』と口に出していってしまう」などなど、マイホームでの暮らしを存分に満喫してくださっているようです。

　そして、これから家づくりをなさる方へのメッセージもたくさんいただいております。
「吉野杉の家は、必要な構造材、建具、床材などの材木がどのように育てられ加工されるのか、その過程を知ることで木や家に対する愛着が湧きます。家を買うことは暮らしを買うことだと思います」
「吉野杉の家は、完成までの期間は少し長くなりますが『自分たちが住む家を自分たちも一緒に建てた』と実感できます」

私は、地元で育った木を使い、地元の職人たちの手で家をつくり、それによって森も守っていくというストーリーをとても大切にしています。お客様にもそこに共感していただき、きちんとご納得いただくまでご契約を急かすようなことはいたしません。

世界にたったひとつのご自分の家です。ご家族やイムラのスタッフと心ゆくまで話し合い、心地よさを究めた自慢の家を建てていただきたいと思います。

子どもが転んで頭をぶつけても
安心な「吉野杉の家」は、
子育て世代にも魅力的

実際に建ててわかった、住んで感じたお客様の声

（「吉野杉の家」を建ててよかった②）

吉野杉の床や珪藻土などがもたらす心地よい空間の中で、みなさん思い思いの暮らしを満喫しているようです

「吉野杉、珪藻土の中で住むのはこんなにも快適なのかと感動しっぱなしの日々を過ごしています。夢のマイホームをイムラさんで建てることができて幸せです」（奈良県／K様）

「梅雨の時期にもかかわらず、大変快適な日々を過ごしています。吉野杉と珪藻土のパワーを感じます。家族全員、素敵な家に大満足です」（大阪府／K様）

「家の中に入るととても気持ちよく、快適な空気を感じます。また、できた時が一番ではない家なのも魅力。**今後の経年変化が楽しみ**です」　（大阪府／T様）

「冬に来たお客様に、**『床暖房を入れているの!?』**と間違えられるほど温かく、床が冷たくなりにくい。木のいいにおいがするともいわれます」　（大阪府／M様）

「設計、木のぬくもり、住み心地……。**すべてにおいて想像以上**です。これからさらに**愛着がわいていくのが楽しみ**です」　（奈良県／U様）

「自然素材の吉野杉を存分に肌で感じられるため、**気持ちも体もとても落ち着いて暮らすことができています**」（奈良県／O様）

第4章 すべては、吉野の森を守るために

現在の「吉野杉の家」に
こだわるスタイルに行き着くまでには、
多くの葛藤、悩み、
そして出合いが存在しました。
紆余曲折の果てに行き着いた、経営哲学とは？

はじまりは〝大和の材木商〟

私どもが吉野杉の家の販売を始めて20年以上になります。この間におよそ1000棟の家を手がけさせていただきました。「本物の家」を建て、お客様に喜んでいただけるのは本当に幸せなことです。

しかしここまでの長い道のりには、さまざまな紆余曲折がありました。ときに悩み、立ち止まっては「これでいいのだろうか」と自問したことも少なくありません。この章では、イムラがここにたどり着くまでの歩みと未来へ向けての思いをお話しさせていただきたいと思います。

イムラの歴史は約1世紀ほど前に遡ります。

昭和初期の1927年、私の祖父にあたる井村義一が奈良県・大和高田市で材木商を創業したのが始まりでした。戦乱の苦難を乗り越え、1947年には父・義将が2代目に。この頃から材木の販売だけでなく、製材業を開始します。

大和高田市で
材木商・製材業を営んでいた頃

ときは戦後の復興ムード真っただ中。空前の住宅ブームで木材の需要が大きく伸び、イムラが扱う木材も飛ぶように売れたといいます。

戦時中は軍事物資として多くの木が伐採されたため、国産材だけでは供給が間に合わず、次第にアメリカやカナダ、東南アジア、ソ連(当時)など、外国からの輸入材も入ってくるようになりました。

当時は「家を建てる」となると、その相談はまずは材木屋に持ち掛けられるのが一般的でした。そこから、材木屋が大工さんに仕事を頼み、工事が始まるという流れです。この流れの中で、それぞれの地域の業者や職人が潤っていたものでした。

時流に後押しされる形で建設業界は好景気。父の羽振りもよく、当時学生だった私は「材木屋というのは儲かるものなのだな」といった思いで見ていました。のちのちは自分が家業を継ぐのだろうとも考えていたため、将来にとくに心配はしていませんでした。

この状況に終わりが来ることなど、当時は考えてもいなかったのです。

戦後、空前の住宅ブームにより、
業績は右肩上がりだったという

芽生えた「家を建てたい」気持ち

人生は思い通りにはいかないものです。

かつてない規模の経済混乱が世界を襲い、その波はすぐに日本にもやってきました。1970年代のオイルショックです。

それまでに反して景気が右肩下がりを続ける中、私は大学を卒業し、修業のために大阪の木材問屋に勤務。営業マンとして新建材や住宅設備の販売に従事しながら「物を売る」ためのイロハを一から学びました。

いままでは「材木屋は頭を下げない」といわれるほど、仕事には困らないのが常でした。しかし時代は変わり、待っているだけでは注文は来ません。これからは材木屋も営業力をつけ、外へ販売していく素養や気骨がなければやってはいけないだろうという思いは強まる一方でした。

そのため、勤め先の上司から営業のノウハウなどを懸命に学ぶ一方で、より深い知識を身につけるべく2級建築士や宅地建物取引士の資格も取得しました。

こうして5年間の勉強を終え、生まれ育った地元へ戻りました。父の元で家業に携わるようになると、会社の経営状況を好転させるべく精力的に地元の建築会社や工務店をまわりました。

しかし材木を売り込もうにも、やはりなかなか売れません。買ってもらおうとすると価格面やサービス面で厳しい競争が待っています。さらに、久しぶりに新規の契約が取れたかと思えば、便利屋のように都合よく使われることも。

この時代に材木屋として商売を続けていくことの厳しさを正面から突き付けられる日々でした。生涯この仕事を続けていくとしたら、やりがいが持てないと思いました。

「自ら家を建てたい」

そんな思いが去来するようになったのは、ちょうどこの頃でした。実際に家を建てる、エンドユーザーのお客様と直接つながる業態への転換です。材木を大工さんや工務店に売って終わりではなく、家づくりを手がけることでお客様と一生のお付き合いができるような、そんな事業をしたいと思ったのです。

幸い、家を建てるための材木はどうにでもなります。木を扱う知識もノウハウもあります。木材業界で生き残っていくため、私は木造住宅の販売事業に参入することを決めたのです。

3代目として正式に家業を継いだ、1982年のことでした。

南大和で得た「工務店」としての自信

年間2～3棟。

住宅の施工販売を始めた当初は、そんなペースでした。

当時の工務店の経営者は、大工や設計士、現場監督上がりの人たちが一般的でした。材木屋からの〝転身〟は、非常にまれなケースだったのです。

当然、いままでの取引先からは反発もありました。「家をつくって売る」ということは、同じ地域の大工さんや工務店と競合することでもあったからです。

「材木屋が家を建てるのは邪道だ」

そんな声も耳に入ってきました。しかし、こちらも新規事業を立ち上げるのに必死でした。

「いいたいやつにはいわせておけばいい」

そんな心境でした。

そうした中、1984年に転機が訪れます。

大淀町（奈良県吉野郡）に開発予定の「南大和ニュータウン」において、3区画分の建築販売をデベロッパーの方から依頼されたのです。これが販売と同時に即完売。地元の吉野材をふんだんに使った建て方が評判を呼びました。

ここから同エリアでの注文住宅の受注をスタートさせました。1991年までの7年間にお引き渡しした数は、250棟。

これは、いける——。

南大和での手応えが、工務店としてやっていくための大きな自信になったのです。

「売りやすさ」をとるか「らしさ」をとるか

やがて、お引き渡しは年間100棟ペースに。地域の工務店の中でも売り上げナンバーワンになるほど、数字は順調に推移していました。材木屋から工務店にシフトし、経営再建に取り組んできた結果、大きくプラスに転じたことに一定の満足感を得ていたのも事実です。

しかしその一方で、私の心の中に葛藤が生まれ始めていました。

当時のイムラの家づくりは、柱などには地元の吉野ヒノキを使いながら、同時にコストのかからない格安の輸入建材や集成材を用いたものでした。

こうした同一規格の新建材は扱いやすく、大工の腕のよし悪しにほとんど左右されません。誰が施工しても均一なクオリティで仕上げることができるため、それが結果的にクレームの減少や工期の短縮、コストダウンなどに直結。工務店にとっては非常に「売りやすい家」だったのです。

しかし、今思うと、現在の大手ハウスメーカーと〝似たり寄ったり〟の住宅でした。私たちがいわゆる〝手頃な〟家を提供する中、今度はさらに「安さ」を売りにするローコスト住宅会社が現れました。

イムラを取り巻く状況が変化する中、いままで抱えてきた葛藤と向き合わざるを得ないときが来ました。

大手ハウスメーカーと地元の工務店をミックスさせたような〝どっちつ

かず〟の家を、このまま売り続けていいのだろうかという葛藤です。

イムラの家は大手の木造住宅メーカーと「どこが違うのか」と聞かれても、説明できません。地元の材を一部に使ってはいるものの、それを大きく謳えるほどのオリジナリティもありませんでした。

かといって、安さだけを売りにした家づくりは、住宅を扱う業者として、責任が持てません。

「イムラらしさとはなんだろうか」

自問を続ける日々でした。

「吉野杉1本」でやっていくと決めた日

「イムラの家に吉野杉を使えないだろうか」

川上さぷりからそんな話が来たのは、2000年のことでした。私自身も模索する中で、イムラの家に地元の無垢材をより多く使うことができないだろうかと考えていた矢先のことでした。そこからはじまる川上さぷりとのお付き合いは、前章までにお話しした通りです。

1本1本、2つとして同じもののない無垢材を使っての家づくり。これは、同一規格の建材で多くの棟数を効率よく建てていた大手ハウスメーカーには真似のできない方法です。

また、材木商からはじまったイムラにとって、吉野杉の原木から手がける家づくりは、全国どこにもない住宅にできるとの思いもありました。

早々に準備に取りかかり、吉野杉の家の販売にこぎつけました。はじめは、果たして何棟売れるのかも未知数です。そのため、当面は吉野杉の家と、いままでの建材で建てる手頃な家の両方を並行して販売することにしました。しかしこれが、思わぬ結果を招いてしまったのです。

吉野杉の家は、自然素材を使った健康住宅です。一方で、いままで手がけてきた家は、新建材とビニールクロスの一般住宅です。自然素材を使う分、両者に価格の違いが出るのは当然ですが、社内での意思統一がそこに追いついていませんでした。

営業社員たちは、価格が安いほうが売りやすいため、吉野杉の家よりも従来の一般的な家の契約ばかりを取ってくるのです。

このやり方を続けていたのでは、いつまで経っても同じことの繰り返しです。大切なのは、「これがイムラだ」と自信を持ってお客様に提案できる家であること。

私は悩んだ末に決断しました。

「吉野杉の家1本でやっていこう」

どんなことがあっても貫いた決意

この私の決断に、社内では戸惑いも多くありました。いままで売ってきたものより高いものを売らなければならないわけですから、当然かもしれません。最後まで分かり合えず、何人かの営業社員が会社を去っていきました。

また当初は、吉野杉の家をお客様に実際に見て体感していただける展示場がなかったのも苦戦した理由のひとつでした。

「大阪の食いだおれ、京都の着だおれ、奈良の普請《ふしん》だおれ」といわれるように、奈良には古くから家づくり（普請）にお金をかける文化が根強く残っています。

使う材木においても、杉よりも高級なイメージのあるヒノキのほうが好まれる〝ヒノキ信仰〟があったため、どうすれば吉野杉の魅力を広く知っていただけるか、という点においては苦心しました。

それでも、吉野杉という地元が誇る唯一無二の銘木を使って、地元の職人たちが家を建てる――。これに勝るものはないという確信と、もうあとには引けないという覚悟が私にはありました。

また、当時は新建材やビニールクロスなどに使用する化学物質が原因とされる「シックハウス症候群」が社会的問題になり、自然素材でつくる家のニーズが高まってきたことも後押しになりました。

悲願の「吉野杉の家」展示場完成

さらに、追い風が吹きました。

地産地消の家づくりをすることで吉野林業の再生にもつなげたいという我々の理念に地元の南都銀行が賛同してくれたことで、吉野杉の家の展示場をつくるために必要な融資が決まったのです。

吉野杉のよさを肌で感じていただくためにも、展示場を建てることは私たちの悲願でした。

2001年、第一棟目の橿原《かしはら》展示場が着工。施工に半年、竣工後に広く知ってもらい、お客様から新たな契約をいただけるようになるまでさらに半年。ここが、本当に辛抱のしどころでした。

展示場ができ上がると、多くのお客様が吉野杉の家に住んでみたいと来場され、これを境に契約数はぐんと伸びました。当時、このような「本物の木の家」の展示場は、関西にはなかったのではないかと記憶しています。また、この展示場が全国誌である『チルチンびと』に掲載されたことで、関西一円、とくに大阪方面からたくさんのお客様が来場されました。

これらがきっかけで２００４年大阪府豊中市への展示場出展となり、受注棟数も一気に50棟にもなりました。

もちろん、こうした業績アップの背景には、社員たちのふんばりもあったことは間違いありません。吉野杉の家の販売の苦難に直面しながらも、ともに奮闘してくれました。

この家づくりの魅力を知っていただくために重ねた時間は決して短くはありません。そんな中、本当によくついてきてくれました。彼らにも感謝したいと思います。

転機となった橿原展示場。
ここから契約者数が大きく伸びた

失敗だったリーマンショック後の選択

会社の経営というのは、いつ何が起こるかわからないものです。

2008年4月、念願であった堺の総合住宅展示場へ出展を果たします。いよいよ大手住宅メーカーと肩を並べられる場所で、「吉野杉の家」の販売が始まりました。

今度こそ軌道に乗ったかに思えた吉野杉の家ですが、同年にリーマンショックに見舞われます。銀行でも住宅ローンの貸し渋りが始まり、家の購入にかける予算を減額せざるを得ないお客様が増えたのです。

展示場にいらしても「予算が合わない」と口々におっしゃいます。住宅業界に次なる暗雲が立れこめてきたことをひしひしと感じました。実際に、全国では多くの工務店の倒産が始まっていました。

イムラでは、通常より300万円程度費用を抑えられる家づくりで、なんとかこの状況を乗り切ろうと考えました。天井板や建具など見える部分の吉野杉を使う量を抑え、コストダウンを図りました。
その結果、なんとか受注棟数は維持できましたが、吉野杉の家本来のよさが消えていったのも事実です。

「こんなことはやめよう」

イムラが建てる家は、社員も誇れる本物の吉野杉の家でなければならない。そう思いました。もう一度基本に立ち返り「それらしい」ものではなく、吉野杉をふんだんに使った本物の家をお客様にご提案していこうと決めました。

一度値下げした商品を、材も元通りに戻して再び軌道に乗せるには、何倍ものエネルギーが必要です。あれから10年以上が経ちましたが、この先苦境に立たされることがあっても、あのような選択は二度とすまいと心に決めています。

日本人の8割が「木造住宅に住みたい」

ここまでが、私たちの歩んできた道です。おわかりのように、何もかもが順調にいったわけではありません。むしろ、苦しいことのほうが多かったかもしれません。吉野杉の家づくりをはじめて20年が過ぎましたが、「軌道に乗った」とやっと思えるようになったのもここ7、8年のことです。

しかしこれまで、吉野杉の家をやめようと思ったことは一度もありません。先人たちが長きにわたって育ててくれた地元の美しい木をふんだんに使い、地元の職人が建て、地元の人たちが心地よく住まう。それによって吉野の森がさらに活性化していく。

この循環を持続していける「地産地消」の家づくりに勝るものはないと確信しているからです。

地産地消の家づくりを行うことで、
日本人の願望である
国産の木造住宅に
住みたいという夢を実現していく

近年、内閣府が行った調査によると、「どんな家を建てたいか、あるいは買いたいか」と聞いたところ、8割が「木造住宅(*)」と答え、国産材を住宅に使用するニーズも根強くあることがわかりました。

日本人は昔から木に親しんできた民族ですから、当然といえば当然かもしれません。にもかかわらず、住宅に国産材がほとんど使われていない、という現状があります。なぜなのでしょうか。

国産材が普及しない3つの理由

その理由は、大きく分けて3つあると考えています。

1つ目は、ハウスメーカーや工務店が建築材である木材にこだわらず、コスト重視の家づくりをしていることです。集成材や輸入材、ときには安い国産材など、予算に合ったものだけを寄せ集めた施工がいまの〝主流〟になっています。お金を払うのはお客様ですから、「オーダー通り、予算

＊在来工法とツーバイフォー工法を合わせた割合
（出典：平成23年 森林と生活に関する世論調査）

通りにつくれば問題ないのでは」と思われるかもしれませんが、日本にはこれほど多くの山林があるのです。

消費者・生産者双方の視点に立ち、こだわりを持って国産材を使うという前向きな工務店が増えてくれればと思っています。

2つ目の理由は、無垢材を扱える、技術のある大工が少なくなったことではないでしょうか。かつて日本の家づくりは無垢材が当たり前でしたから、1本1本クセの異なる自然の木を見極め、自らの手で加工しながら組んでいくのが大工の仕事でした。

ところが最近は、施工が簡単でどんな大工でも仕上がりに差のない集成材や加工済みの輸入材を多く使うため、腕のいい大工はなかなか育ちません。いくらいい材料を用意しても、それをうまく〝料理〟できる人がいなければ、ものづくりはそこで終わってしまうのです。

しっかりとした教育制度と将来の安定収入が見込めれば、大工さんの成り手はいるということは、私たちイムラが、身をもって証明できます。

最後の3つ目は、国産材を普及させるための国の政策が追いついていないと思われる点です。日本の木材がより多く使われるような、日本の将来を見据えた施策が必要だと考えています。

たとえば、環境に配慮した車を購入した人が恩恵を受けられる「エコカー減税」のように、国産の木で家を建てた人には助成金を支給したり減税メリットを出すことで、積極的に国産材の需要促進につながる制度を検討してもよいのではないでしょうか。

また、国産材がもっと市場にリーズナブルに供給される必要もあります。日本各地の林道はまだまだ整備されていません。山の中に車で入っていける道さえあれば、山からの出材がもっと楽になり、それが結果的に国産材のコストダウンにつながるのです。

こういった政策が、さらなる国産材の普及につながるのではないかと思います。

日本の木を使えば、森も人もよみがえる！

家づくりに国産材が使われなくなり、林業の担い手も減少してきたいま、手付かずの荒れた人工林が日本中に増えています。

木は、日本が誇る環境に優しいサティスナブルな資源です。国産材を使った家づくりがもっと当たり前になれば、森は息を吹き返し、新たな循環が生まれるのです。

また森が活性化すれば、そこに降った雨が木々のフィルターを通して海や川に流れるため、水質の改善にもつながるでしょう。きれいな水はよい漁場を育み、日本近海での漁業活性化にもつながります。

「森も人も元気になる、地産地消の家づくり」――。

こうした理念が全国に広まって人々の心を動かし、それぞれの地域の木を用いた木造住宅の普及、ひいては日本の宝である森林の再生につながっていくことを願ってやみません。

国産材を使った家づくりが、
もっと増えていってほしい

Column 4

実際に建ててわかった、住んで感じたお客様の声
（「吉野杉の家」を建ててよかった③）

吉野杉の家は、多くの子育て世代のお客様にも選んでいただいています。お子様もご自身も快適に過ごせる家、その理由とは？

「私たちが考えていた家のイメージを**ほぼ完璧なかたちにデザインしてもらえました**。よい材質を使った丁寧な施工で、実際に住んでみて、**木の香りや温もりを感じながら快適に過ごしています**」
（大阪府／T様）

「住んで3か月経ちますが、木の匂いやぬくもりを感じます。本当によかったです。小さい子どもがいても、**木は体にも優しいので安心して過ごしています**」
（大阪府／I様）

「家に帰ってきたときに全体の外観を見て、そして玄関に入って、**吉野杉の木の匂いや感触にうれしくなります**。イムラで建てて、よかったなと思います」

（奈良県／N様）

「**子どものアレルギーがあったことを忘れるぐらい**の住み心地です」

（大阪府／G様）

「我が家に来てくれる友人が、**ほぼすべて「いい家やね」「木が凄いね」**などといってくれます。**私の自慢の家**になりました」

（大阪府／Y様）

第5章

もっと知りたい！ 吉野杉の家Q＆A

この章では、お客様から実際によくお受けする
「イムラの家づくり」への
質問に対する答えをまとめてみました。
「吉野杉の家の基礎知識」として
お読みいただければ幸いです

Q 木の家と聞くと、地震に弱いイメージがあるのですが大丈夫でしょうか？

A 耐震等級は最高レベルの「3」です。

現在の国の耐震基準は阪神・淡路大震災以降の2000年に改正され、その基準も厳格化されています。

その耐震のランクは3段階に分かれています。木造に限らず鉄骨でつくられた家なども、どの等級に該当するかが一つの基準になります。

現行の建築基準法上では、数百年に1回起こり得る大きさの地震（一般的に震度6強以上）に対し、倒壊しない強度を最低の基準（耐震等級1）としています。

ただし、国の基準はあくまで一度の地震で生命を守ることを前提としており、余震等で揺れが来たときには建物の強度が不十分です。そのため、

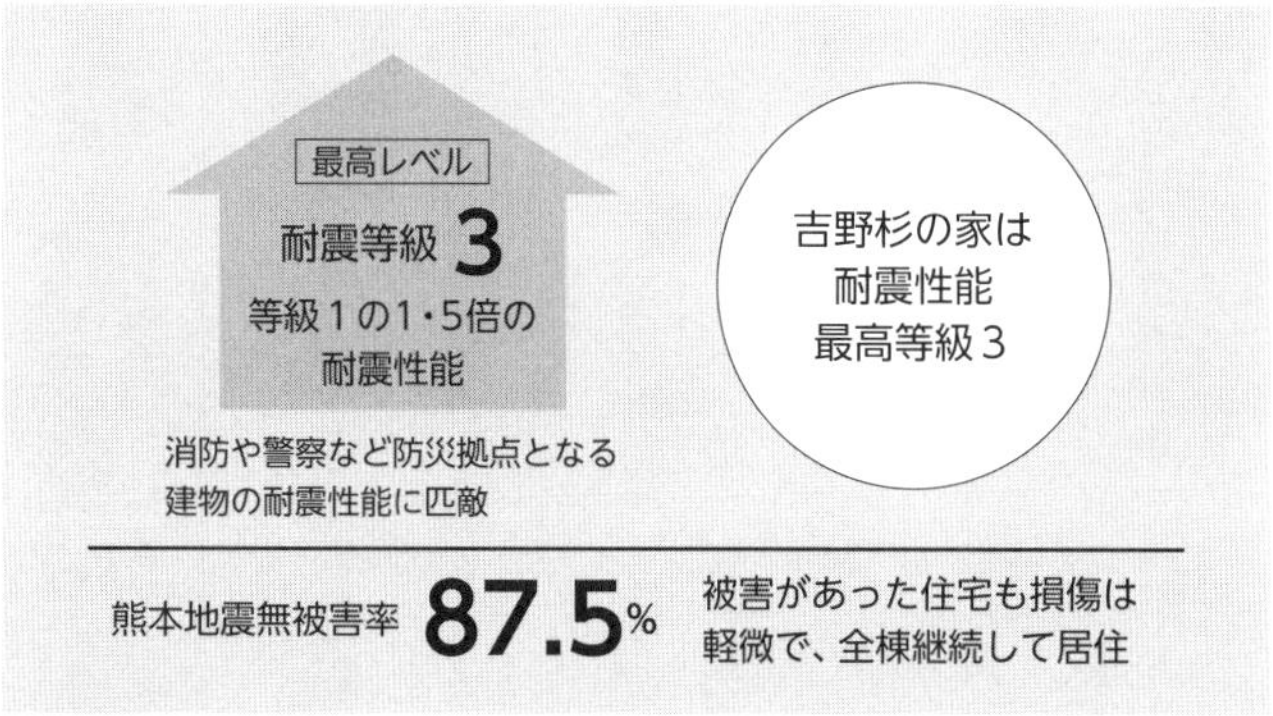

イムラでは最高の等級である耐震等級3（耐震等級1の1・5倍の耐震性）で家を建てています。

一般的に木造住宅は軽く、地震の影響を受けにくいといわれていますが、さらに「吉野杉の家」では、構造材に奈良県地域認証材（*）の杉である4寸角（12センチ）を標準としています。

また、熊本地震のような複数回の揺れをともなう地震にも大きな被害が出ないように制震ダンパーを標準化しております。いざというときには、ご自宅が避難所になり、安心して住むことができるようになっているのです。

＊奈良県地域認証センターが定めた強度･含水率の基準をクリアした材のこと

Q 木造住宅は、寒いというイメージがあるのですが大丈夫でしょうか？

A 南北海道仕様の断熱性能を持っています。

たしかに、昔の木造住宅は、寒いと感じることが少なくありません。それは、気密性と断熱性が足りていなかったためです。断熱性が低いと、暖房で暖めた空気が外へ逃げてしまいやすくなります。

また、昔の家の場合、断熱材が施工されていなかったり、断熱材を適切に施工されていない事例も少なくありませんでした。

平成25年以降、かつての家とは比較にならないぐらい高い断熱性能の基準が設定されました。地域によってその基準は異なりますが、関西で建てるにも関わらず、イムラではあえて寒冷地である南北海道の基準で建築しています。

そのため、断熱性が高く、隙間の少ない家となっており、一年を通じて外気温に左右されず、夏涼しく冬暖かく暮らすことができます。

加えて、吉野杉の床は空気の層が多く、保温性が高いため、底冷えのしない家を実現できるのです。

Q 「吉野杉の家」は、高いものでしょうか？

A 性能、素材、職人等を比較してみてください。

吉野杉の家は、安くはありません。しかし、大手ハウスメーカーが同性能・同仕様で建築すると、もっと高くなるのではないでしょうか。

比較はしにくいですが、吉野杉の家は性能が高く、使用する素材（吉

吉野杉をふんだんに使い、室内の壁を珪藻土塗りで仕上げている

野杉や壁の仕上げ材である珪藻土）、職人にもこだわっています。

ここまでお読みいただいた方は、おわかりになったかと思いますが、木材は生産者から直接仕入れ、イムラ独自の流通システム・製材方法によりコストダウンを行っています。

また、職人に安定して仕事を供給することで、価格調整も行っております。

そう考えると、決して高いものではないといえるのではないでしょうか。

Q 吉野杉の床は魅力的なのですが、日頃のお掃除は大変ではないでしょうか？

A 普通の家と、ほぼ変わりはありません。

普段のお掃除は、新建材（一般の住宅に使用）とそれほど差はなく、掃除機などで十分です。また、多少傷はつきやすいですが、経年変化により目立ちにくくなります。新建材と大きく異なるのは、新建材は剥離するため、補修が難しく張替での対応が一般的ですが、吉野杉の床は無垢の一枚板のため、表面さえ削れば建築当初の床のようにほぼ元通りになります。

そのため、張替える必要がなく、維持管理費用は高くないと思います。また、一部傷がついた場合は、アイロンや水を含んだティッシュ・紙やすりなどで十分部分補修は可能です。

さらに、イムラではオーナー様を対象にお手入れ講習会を行うことで、愛着を持って住んでいただけるよう、取り組んでいます。

Q なぜ、イムラの「吉野杉の家」は関西でしか建てられないのでしょうか？

A 「地産地消」が家づくりの理念だからです。

地元の木を使い、気候風土や風習に合わせて地元の職人が熟練の技を駆使して家を建てる……。

この自然に沿った流れこそが、その土地でもっとも心地いい暮らしを生むと考えています。また、地場の産業に活気をもたらすこともできます。

イムラが「地産地消」にこだわる理由は、この2つにあります。

また、建てた後の点検やアフターメンテナンスに細やかに対応することも、家づくりに携わる者としての責任だと考えています。

そのため、関西というエリアに限定して、「吉野杉の家」を建てているのです。

地元の大工と職人が、
地元の「吉野杉」を使って建てるからこそ、
最高品質の家が生まれる

Column 5

実際に建ててわかった、住んで感じたお客様の声
〜「吉野杉の家」を建ててよかった④〜

愛着が日に日に増すのは、吉野杉の家ならでは。その住み心地のよさは、木の香りや間取りから生まれるのです

「本当によかったと感じています。リビングのソファに座っては、家全体を見ながら**「いいねぇ」と毎日のように口にしながら**、繰り返し満足しています。決して安い買い物ではないですが、すべてに満足しており、**値段以上の家である**と思います。高級感も味わえます」

（奈良県／S様）

「木にこだわってつくっていただいたため、**裸足で床を歩くのが気持ちよく、本当に気に入っています**」

（大阪府／H様）

「とても満足しています。何軒かのお宅の完成見学会に行ったときにどの家も明るく、木の香りが心地よく、間取りも住みやすそうでした。実際に私たちの家の希望を聞いていただき、理想的な間取りとなりました。**リラックスして日々を過ごせそうです**」

（大阪府／H様）

「**いい意味で経年変化も楽しめる家**をつくっていただけたと思っています。また、実際の伐採現場に連れて行ってくださったのは印象深く、本当に**「木」に自信と誇りがないとできないこと**だと思いました。だからこそ、より、イムラさんの使う材木に安心感が持てました」　（大阪府／K様）

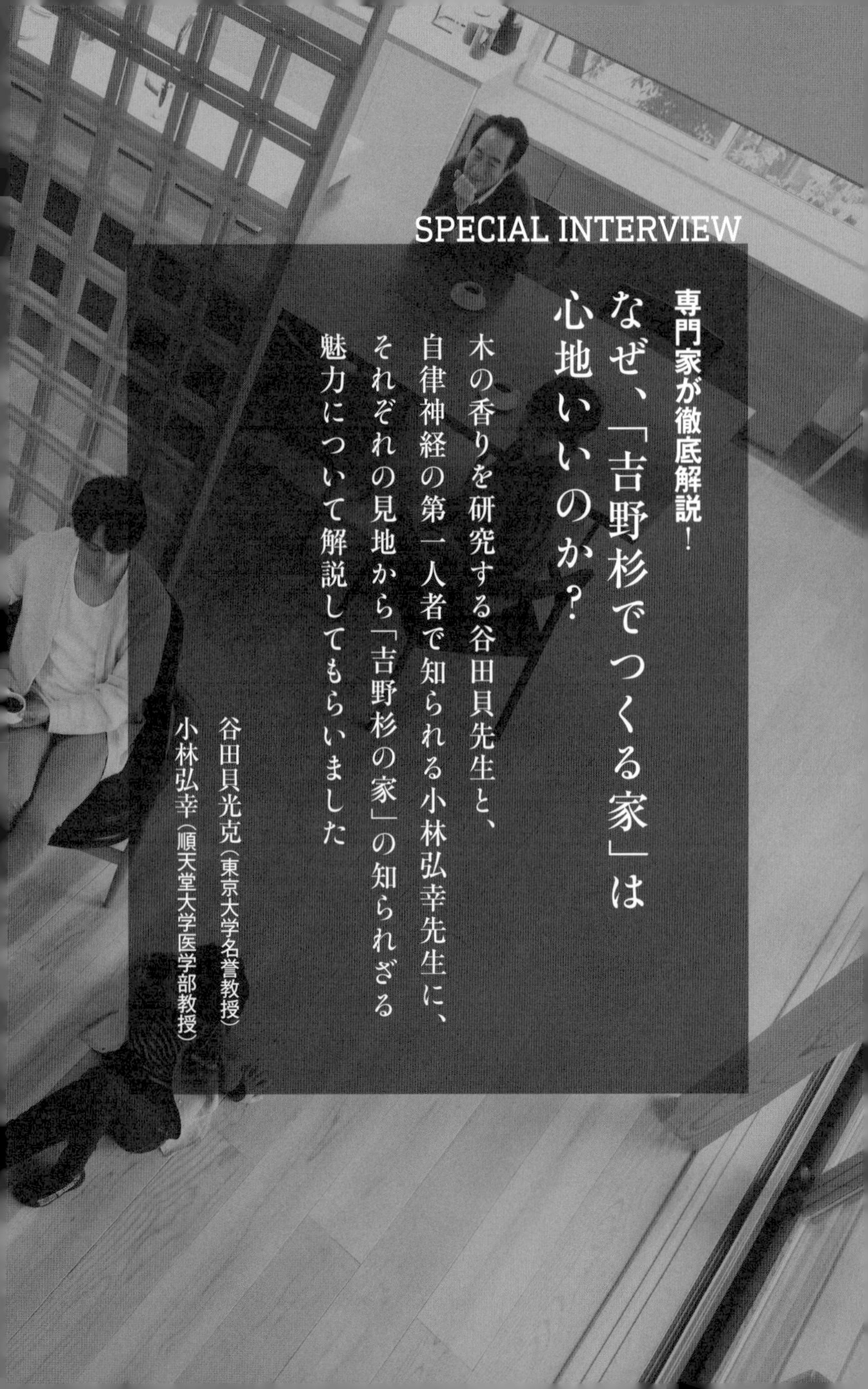

SPECIAL INTERVIEW

専門家が徹底解説！

なぜ、「吉野杉でつくる家」は心地いいのか？

木の香りを研究する谷田貝先生と、自律神経の第一人者で知られる小林弘幸先生に、それぞれの見地から「吉野杉の家」の知られざる魅力について解説してもらいました

谷田貝光克（東京大学名誉教授）
小林弘幸（順天堂大学医学部教授）

SPECIAL INTERVIEW……1

科学が証明する吉野杉の魅力と効能

木の香りを研究する谷田貝先生に、科学的に見た吉野杉の魅力・効果、そして「地材地建」で紡ぐ、日本の森の未来について話を聞いた

PROFILE

谷田貝光克(やたがい・みつよし)

東京大学名誉教授、秋田県立大学名誉教授。1943年、栃木県生まれ。東北大学大学院理学研究科博士課程修了(理学博士)。東京大学大学院農学生命科学研究科教授、秋田県立大学木材高度加工研究所教授等を歴任。専門分野は天然物有機化学。植物、とくに樹木に含まれる生物活性物質の特性の解明と人にとっての利用技術の開発など。

■美しい吉野杉は人々の努力の賜物

吉野杉は、いまや全国的に知られる木材のブランドになりました。世界の森林や木の香りなどの研究に長く携わってきた立場から、その魅力や、人にもたらす効果、さらには日本の森の未来についてお話ししてみたいと思います。

吉野杉は、室町時代から植林が始まったといわれています。密にたくさん植え、間伐しながら育てる木を残していく「密植多間伐」という方法は吉野林業の大きな特徴です。

他地域では3000本程度しか植えない場所に、吉野杉は8000〜1万本植えます。

この数字だけでも、いかに1本1本を密に、隙間なく植えているかがわかっていただけるのではないでしょうか。

この方法をとることで、木は横に太らずまっすぐ上に伸びていきます。

下から上まで同じ太さでまっすぐ伸びる「完満通直」な木は、材木としても効率よく使えるという利点があるのです。

そして密植をすることで日が当たらなくなった幹の部分の枝は自然に落ちるため、節の少ないよい木が育ちます。

また、ゆっくりと時間をかけて成長するため年輪幅が緻密で強度が強く、芯材の赤い色が美しいのも、吉野杉が持つ大きな魅力といえるのではないでしょうか。

しかし、ただ密に植えただけではよい杉は育ちません。吉野杉という一大ブランドになるほどの銘木が生産される背景には、山守制度という独自の制度のもと、先祖代々受け継がれてきた杉にしっかりと手入れをし、大切に育ててきた地元の人たちの大きな努力があるのです。

ご苦労も多いでしょうが、その努力をどうか継続し、立派な吉野杉を次世代に残していっていただきたいと思っています。

■「小さな穴」の大きな役割

吉野杉の魅力は、まずなんといっても木の色がよく、木目が美しいことでしょう。とくに柾目などは、緻密な線を描いていながら決して機械的な平行線ではなく、少し曲線になっていたりして、それがまた見る者の心を和らげてくれます。また、大らかな板目も穏やかなよさがあります。

肌触りも格別です。杉材を用いた床は裸足になってもひんやりとした冷たさがなく、じんわりと温かいもの。これは、杉の中にある「仮道管」と呼ばれる小さな穴の働きによるものです。

この仮道管が空気を蓄えることで断熱材の役割を果たし、温かさを感じることができるというわけです。コンクリートやビニールタイルと比較しても足が冷えにくく、少し時間が経てばカーペットと同等の暖かさを感じることができる理由はここにあります。

一方で、夏になれば仮道管が内にこもった熱や湿気を逃がすため、杉の床はサラッと快適に保たれます。

また、杉の柔らかな質感もこの無数の仮道管に関係しています。仮道管が衝撃を和らげる働きをするため、転倒したり物を落としたりした際でも最小限のダメージですむのです。

夏は涼しく、冬は暖かい。そして、柔らかく優しい。吉野杉は、人々の暮らしに心地よく寄り添ってくれる木といえるでしょう。

■高い抗菌性や消臭効果も

吉野杉のよさは、見た目の美しさや肌触りのよさだけにとどまりません。健康面においても大きな力を発揮してくれます。

奈良県産の吉野杉は、抗菌効果の高い物質・セスキテルペン類の含有量が他府県産の木材に比べて高いことがわかっています。そのため、抗菌性や抗カビ性に優れ、家の中を清潔に保つことができるのです。

同時に、吉野杉はダニを抑制する効果が高く、アトピー性皮膚炎やぜんそくなどの症状緩和が期待できます。

また消臭作用もあり、トイレのアンモニア臭や生ゴミ臭を取り除く効果も期待できるため、家中どこにいても気持ちよく快適に過ごすことができるのです。

さらに杉材は紫外線の吸収率が高く、黄斑変性や白内障の予防にも効果的とされています。

■香りがもたらす安らぎ効果

吉野杉は香りも大きな魅力です。もともと木材の香りは気分を鎮め、落ち着いた気持ちにさせてくれるものです。ヒノキ、杉、ヒバと、国産の木の香りにもそれぞれよさがありますが、たとえばヒノキが強く高貴な香りであるのに対し、杉は非常にマイルドで優しいのが特徴的です。

杉の香りの中でもっとも表に出てきやすい成分・α－ピネンは、疲労回復や緊張緩和に効果的で、リラックスのために広く用いられるラベンダーの香りよりも早く寝付くことができると考えられています。

また、セドロールという成分も、睡眠効率を高める効果があることがわかっています。これが高血圧を防いだり、心拍数を安定させる作用があり、知らず知らずのうちに私たちの体調にプラスに働いてくれるのです。


木の家がいい香りがするといっても「それは最初だけで香りもだんだん消えていくのではないか」と思われがちです。確かに人間の嗅覚はその匂いに慣れてしまうとさほど感じなくなりますし、木の表面の匂いは薄れてしまうこともあるかもしれません。

しかし木材の中にある香りはそう簡単には消えません。常に少しずつ表面へ出ていき、心地よい香りを漂わせてくれています。

築数百年を超える寺社仏閣の修繕をする際に「表面をカンナで削った

らまた新しい木の香りが出てきた」というお話を聞きます。それほど、無垢材は長きにわたって香りを出し続けるのです。たいていの木の香りは100年以上持つのではないかと、私自身は考えています。

■地元の木から学びを得る子どもたち

吉野杉の家を建ててこられたイムラさんの「住宅産業は地場産業である」という理念に、私はとても共感しました。地元で育てた木を使って家を建てる。私はこれを、地産地消ならぬ「地材地建」と呼んでいます。

私はかつて、「木材の街」といわれる秋田県能代市の研究所に5年間いました。秋田県でも自分の町や村の木を使って校舎をつくろうという取り組みが増えています。

このような「地材地建」は、そこで過ごす子どもたちが「自分の町で育った木がこういう建物になるのだ」ということを肌で感じながら成長していくことができるという意味でも、とても大切なことではないかと思っています。ゆくゆくは彼らが、環境問題に高い関心を持ってくれるようになるかもしれません。

ちなみにドイツでは、林業に携わる仕事が子どもたちの間でとても人気だといいます。大人が子どもたちを森へ連れて行って遊ばせたり、木や自然について教えたりということを早い時期からしっかりと行っているからです。こうした取り組みは、日本ももっと積極的にしていくとよいのではないかと思います。

さて、私自身も秋田の木造校舎でさまざまな実験を行い、木の持つ力についてさらに知見を深めることができました。

木の家や校舎の中に入ると心が落ち着くというのは、多くの方が経験されたことがあると思います。実際に、木を多く使った校舎では、子どもたちが疲労を訴える割合が下がることがわかりました。ストレスが緩和され、心にゆとりが持てるというのは、情操教育においても非常に有益なことではないでしょうか。

また木造校舎は、コンクリート製の校舎よりも温度のばらつきがなく一定であることも明らかになりました。とくに梅雨や冬に温度の上下動が少なく、快適に過ごせるようです。

■国産材を使って山に元気を

日本ではいま、輸入木材が安くなった影響もあり、国産材の利用が低迷しています。戦前は約90%だった国産材の自給率は、ひところ18%にまで落ち込みましたが、国産材利用の動きもあって、現在は36・6%(2018年)にまで戻ってきています。それでも、日本には吉野杉をはじめとする良質な国産材がまだまだたくさんあるのですから、どんどん使っていくべきだと思います。

国産材を使うことで、
日本の山は蘇り、
世界の森林破壊を
止めることができる

日本は島国ですが、山は世界につながっています。まずは国産材を使って山の循環を促し、荒廃の進んだ森林を蘇らせることが大切です。
日本が外国産材の輸入を減らせば、海外で深刻な森林破壊を食い止めることにもなるのです。

木は伐らなければ育ちません。使わなければ、山に元気は戻りません。吉野杉や全国の国産材の魅力を広く知ってもらい、次世代を担う子どもたちに元気な山を残していけることを願ってやみません。この本が、その一助になるのではないかと私は考えています。

SPECIAL INTERVIEW……2

自律神経が整うのは本物の木の家だからこそ

吉野杉の家は、なぜ気持ちいいと感じるのか。人の活動を支える自律神経に与える好影響について、名医として知られる小林先生にお話を聞いた

PROFILE

小林弘幸（こばやし・ひろゆき）

順天堂大学医学部教授。日本体育協会公認スポーツドクター。1960年、埼玉県生まれ。順天堂大学医学部卒業後、1992年に同大学大学院医学研究科修了。ロンドン大学付属英国王立小児病院外科等での勤務を経て、順天堂大学小児外科講師・助教授を歴任。国内における自律神経研究の第一人者として知られる。

木の家や吉野杉が自律神経に与える影響について、研究に取り組む者の立場からお話しさせていただきます。

■あなたの知らない自律神経の重要な役割

私たちの体は約37兆個の細胞から成り立っています。そのすべてが正常に機能してはじめて、健康な毎日を過ごすことができるといえるでしょう。「健康とは、細胞の隅々まできれいな血液が流れている状態のこと」だと私は考えます。

すべての細胞に必要不可欠な栄養と酸素は、日々の食事と呼吸によって体内に取り込まれ、腸と肺で吸収、血液にのせて各細胞に運ばれていきます。細胞の隅々まできれいな血液が行き渡れば、臓器も活発に働き、自然と体調もよくなっていくのです。

その重要な血液の循環という役割を担い、血管や内臓の機能をつかさどる働きをするのが「自律神経」です。血液が体を巡り、体温を一定に保っていられること、眠っているときでも呼吸をしていられることなど、これらはすべて、24時間休みなく働き続ける自律神経のおかげなのです。

■現代人は自律神経を整える必要がある？

自律神経には昼間や活動しているときに働く「交感神経」と、夜間やリラックスしているときに働く「副交感神経」があります。

交感神経の働きが活発になると、血管が収縮し血圧が上昇します。アクティブになると同時に、興奮したり、イライラしやすくもなります。ストレスがかかると活発になるのも交感神経です。

一方、副交感神経の働きが優位になると、血管が適度に緩み血圧は低下します。心身ともにリラックスした落ち着いた状態になるのです。

この交感神経と副交感神経は、車の「アクセル」と「ブレーキ」に例えるとわかりやすいかもしれません。アクセルだけでは暴走してしまいますし、ブレーキだけでは動きません。どちらか一方が過剰になってしまうことなく、優位性を交互に替えながら、常にバランスをとることで私たちの身体機能は正常に保たれるのです。

現代社会で暮らす私たちは多くのストレスを感じています。不快に感じるとイライラしたり、怒りの感情がわいたり、気分が落ち込んだりしていきますが、そのようなことで自律神経は乱れていきます。

職場や学校、家族間での人間関係、不規則な生活や偏った食事、飲酒、喫煙、睡眠不足、季節の変わり目や気圧の変化、氾濫する情報……。さまざまな要因がありますが、これらはすべて交感神経を刺激し、副交感神経の働きを下げることにつながっています。

交感神経優位な状態が続くと、呼吸が浅くなって心拍数が上がり、血管が収縮して血流が滞るために血液がドロドロになります。その結果、内臓の働きが悪くなり、生活習慣病のリスクが上がってしまいます。

つまり、私たち現代人は意識してリラックスをし、自律神経のバランスを整えることが必要なのです。

自律神経が整い血流がよくなれば、腸も活発に働きます。腸には免疫細胞の約7割が集中していますので、腸内環境を整えることは全身の免疫力を高めることにもつながります。

吉野杉の家が自律神経にもたらす効果

自律神経を整える方法の一つに森林浴があります。

多くの植物に触れ、爽やかな空気の中で深呼吸をするだけでも気分が晴れやかになりますよね。これはなぜでしょう。

植物からは「フィトンチッド」という成分が放出されています。森の中で枯葉や動物の死骸などの悪臭が気にならないのは、この成分が作用し消臭や脱臭をしてくれているからです。

森林浴にリラックス効果があるのはこのフィトンチッドのおかげで、近年、ドイツなどでは医療行為として「森林セラピー」も行われているほどです。森の香りは副交感神経を優位にし、交感神経が優位になりがちな現代人の自律神経のバランスを整えてくれます。

その効力はストレスケアだけでなく、免疫力の向上、ひいては生活習慣病の予防など多岐にわたります。

もちろん吉野杉にもフィトンチッドは存在します。

そして家を建てるときに使用する「杉材」となってからも、その効果は持続しているのです。

吉野杉をふんだんに使った家は、家にいながら森林浴をしているようなもの。職場や学校などで交感神経が優位な状態になっても、家に帰れば自然と副交感神経が優位な状態になり、自律神経を理想的なバランスで保つことができます。

ストレスや興奮状態から解放されますので、精神的にも安定しますし、質のよい睡眠も期待できるでしょう。加えてフィトンチッドは、安眠状態のときに脳内に現れるとされる「アルファ波」が増加することもわかっているのです。

■気持ちのよい無垢材の床

私の家も以前、床材に無垢の杉を使用していました。とてもよい香りで、とにかく気持ちがいいものです。夏はサラッと涼しく、冬はじんわり温かい。ついつい裸足で歩きたくなります。

これは杉に調湿作用が備わっているため。日本の気候で育った木ですから高温多湿の環境にも適応しており、夏は湿度を吸収し、冬は放出するといったことを程よくコントロールしてくれています。杉は床材になったあとも「呼吸」をしているのです。

また、杉は他の木に比べて柔らかいという特徴もありますので、膝や腰への負担も軽くなるのではないかと感じています。もちろん寝っ転がっても痛くありませんし、テーブルから物を落としても割れにくい、などという実験結果もあるようです。

子育て中やペットを飼っているお宅は、とくにオススメですね。傷がつきやすいという側面はありますが、そのぶん優しく、傷も〝いい味〟と考えれば、子どもの成長の思い出にもなります。

木の柔らかさも安心につながります。それに自然素材の中で子どもの成長を見守ることができるというのは、何ものにも代えがたい大きなメリットではないでしょうか。

■疲れがちな目にも嬉しい効能

集成材とは違い、無垢の杉なら接着剤の使用もありませんので、シックハウス症候群やアトピー、それにさまざまなアレルギーの対策にもなります。ペットの臭いが気になるという方には、フィトンチッドが消臭効果を発揮してくれるでしょう。

さらに、吉野杉は目にも優しいのです。紫外線をよく吸収するので、反射した光にはほとんど紫外線が含まれておらず、目の疲労を和らげてくれる効果もあるとされています。スマホやパソコンの使用で目を酷使する現代人にはまさにぴったりの素材といえます。

ちなみに自律神経にとって、スマホやパソコンは大敵。とくに寝る前の使用は、画面から発せられるブルーライトが交感神経の働きを活発にしますので、睡眠の妨げになります。

また、長時間使用する人も多いと思いますが、その弊害として、猫背に近い姿勢になることで筋肉が凝り固まって血流を悪くするばかりでなく、目のかすみや目の乾き、さらにはドライアイという病気をまねくということにもなりかねません。

涙は副交感神経の働きによって分泌されますので、交感神経が優位な状態が長く続くのは好ましい状態とはいえないのです。

■深呼吸したくなる家

ストレスを抱える人に多く見られる傾向は「呼吸が浅く、早いこと」です。自律神経がつかさどる生命維持機能は、呼吸、脈拍、血流、消化・吸収、免疫など多岐にわたりますが、その中で人間の意識でコントロールできるのは呼吸だけです。

自分の意思で腸の活動を活発にすることはできませんが、浅く、早くなっている呼吸を、深く、ゆっくりとすることはできます。そのことにより、自律神経のバランスを整えることができるのです。

私は毎日、「深呼吸」することを習慣化しています。のんびりと深呼吸をすることは、それだけで全身の免疫力を高めてくれます。

それが吉野杉で建てられた家であれば効果はより大きいでしょう。吉野杉のいい香りを思い切り吸い込んでみてください。ゆっくり吸って、ゆっくり吐く。ポイントは息を吸う時間よりも吐く時間を長くすることです。1日のうちの数分でいいので、みなさんも試してみてください。

自律神経が整うのは
本物の木の家だからこそ

帰宅するたびに思わず深呼吸したくなる家は、
自律神経のバランスを整えることができる家といえる

おわりに

「イムラらしさとは、なんだろうか?」

長い間、ずっと考えてきました。

そしてたどり着いたひとつの答えが、「吉野杉の家」です。

全国的に知られる木材のブランドでもある吉野杉の無垢材を使い、地元・関西に根ざした家づくりをする。産地と直接つながることでコストダウンをはかり、一方で技術を持った職人をしっかりと育てる。そして地元の行政とも連携し、森の再生を目指す。

どれも、大手のハウスメーカーには真似のできない取り組みではないでしょうか。だからこそ、ここに地域の工務店であるイムラならではの「らしさ」を打ち出すチャンスがあったのです。

もちろん、はじめからうまくいったわけではありません。紆余曲折を経て、ここ7、8年でやっと軌道に乗った、というのが本当のところです。

いくら立派な理念を掲げていても、ビジネスとして成立させ、会社を存続できなければ意味がありません。

ですから、家づくりの質を追求する一方で、吉野杉の魅力をお客様に広く知っていただき、手頃な価格で購入していただくまでのプロセスにも力を尽くしました。

「吉野杉の家」は、奈良の一工務店の思いが、林業関係者を動かし、地元の行政を動かしでき上がったビジネスモデルです。

こうした取り組みが全国に広がれば、住宅産業のみならず、日本の林業も活性化し、森や水を取り巻く環境改善にもつながっていくはずです。

「五感が喜ぶ健康に暮らせる住まい」をお考えのみなさん、工務店や林業関係のみなさん。本書を読んで少しでもご興味を持っていただけたのであれば、ぜひ私たちにお声がけください。

また、ここまでお読みいただいて、私どもの家づくりに関する思い、信念に共感を覚えた方は、ぜひ、私たちイムラの門を叩いてみてください。

本物の木の家をつくることが、
地域や森、そして林業をも活性化させている

家づくりを通して吉野杉の魅力を五感で感じてもらい、「この家にしてよかった」「イムラに頼んでよかった」と、心から思っていただく喜びを、あなたも味わってみませんか？

最後になりましたが、本書の出版にあたりご尽力くださった多くのみなさんに、心より御礼申し上げます。

2021年2月　株式会社イムラ

代表取締役社長　井村義嗣

【参考文献】

●チルチンびと別冊14号『関西・瀬戸内・本物の木の家』2007年7月号（風土社）
●木の家に住むことを勉強する本（泰文館）
●ゼロからはじめる「木造建築」入門（彰国社）
●驚きの地方創生「木のまち・吉野の再生力」（扶桑社）

【協力】

●奈良県奈良の木ブランド課
●川上村
●一般社団法人吉野かわかみ社中
●川上さぷり（川上産吉野材販売促進協同組合）

【著者】

井村義嗣（いむらよしつぐ）

株式会社イムラ 代表取締役社長

1976年関西学院大学商学部卒業。卒業後は木材問屋の山五に入社。1981年に材木商の三代目として家業に従事し、1985年に住宅業に転業。川上さぷりと提携し、2000年から「吉野杉の家」を本格的に販売。2015年に「500年の吉野林業を住まいづくりで守る！川上村との取り組み」、2016年に木製内部建具「GENPEI」、2017年に「代官屋敷の古民家再生」でグッドデザイン賞を3年連続受賞。また、2017年には「吉野杉の床」でキッズデザイン賞とW受賞した。

イムラに少しでも興味を持った方は下記よりお問い合わせください。
https://imura-k.com/

関西でしか建てられない
吉野杉の家

2021年2月28日　第1刷発行

著　者　　井村義嗣
発行者　　長坂嘉昭
発行所　　株式会社プレジデント社
〒102-8641
東京都千代田区平河町2-16-1 平河町森タワー13階
https://www.president.co.jp/　https://presidentstore.jp/
電話　編集 03-3237-3733
販売 03-3237-3731
販　売　　桂木栄一、高橋 徹、川井田美景、森田 巌、末吉秀樹

構　成　　細田操子
装　丁　　鈴木美里
校　正　　株式会社ヴェリタ
制　作　　関 結香
編　集　　金久保 徹、神山光伸

印刷・製本　大日本印刷株式会社

ISBN978-4-8334-5171-0
Printed in Japan